Das Kleinbeteiligtenprivileg des § 32a Abs. 3 Satz 2 GmbHG in der GmbH & Co. i.S.d. §§ 172a, 129a HGB

Europäische Hochschulschriften
Publications Universitaires Européennes
European University Studies

Reihe II
Rechtswissenschaft

Série II Series II
Droit
Law

Bd./Vol. 3338

PETER LANG
Frankfurt am Main · Berlin · Bern · Bruxelles · New York · Oxford · Wien

Jens Linde

Das Kleinbeteiligtenprivileg des § 32a Abs. 3 Satz 2 GmbHG in der GmbH & Co. i.S.d. §§ 172a, 129a HGB

PETER LANG
Europäischer Verlag der Wissenschaften

Die Deutsche Bibliothek - CIP-Einheitsaufnahme

Linde, Jens :

Das Kleinbeteiligtenprivileg des § 32a Abs. 3 Satz 2 GmbHG in der GmbH & Co. i.S.d. §§ 172a, 129a HGB / Jens Linde. - Frankfurt am Main ; Berlin ; Bern ; Bruxelles ; New York ; Oxford ; Wien : Lang, 2002
(Europäische Hochschulschriften : Reihe 2, Rechtswissenschaft ; Bd. 3338)
Zugl.: Regensburg, Univ., Diss., 2001
ISBN 3-631-38450-5

D 355
ISSN 0531-7312
ISBN 3-631-38450-5

www.peterlang.de

Vorwort

Die vorliegende Arbeit wurde von der Juristischen Fakultät der Universität Regensburg im Wintersemester 2000/2001 als Dissertation angenommen. Der angekündigte Münchener Kommentar zum Handelsgesetzbuch mit der Kommentierung der Personenhandelsgesellschaften und die 17. Auflage des Kommentars von Baumbach/Hueck zum GmbH-Gesetz konnten nicht mehr berücksichtigt werden.

Für die Anregung zum Thema und die Betreuung der Arbeit danke ich meinem ehemaligen Prüfer und Doktorvater Herrn Prof. Dr. Ingo Koller, an dessen Lehrstuhl ich bereits während der Referendarszeit als wissenschaftlicher Mitarbeiter tätig war. Weiterer Dank gilt Herrn Prof. Dr. Reinhard Richardi für die zügige Erstellung das Zweitgutachtens.

Frankfurt am Main, im Sommer 2001 *Jens Linde*

Inhaltsübersicht

Inhalt

§ 1 Einleitung

1 Gegenstand dieser Untersuchung ist die analoge Anwendung des § 32a Abs. 3 Satz 2 GmbHG gem. §§ 129a, 172a HGB auf die oHG und die KG, deren Gesellschafter bzw. Komplementäre keine natürlichen Personen sind. Während die §§ 129a, 172a HGB bereits mit der GmbH-Novelle von 1980[1] erlassen worden sind, die zum 1.1.1981 in Kraft trat[2], ist § 32a Abs. 3 Satz 2 GmbHG ein Produkt des Gesetzes zur Verbesserung der Wettbewerbsfähigkeit deutscher Konzerne an Kapitalmärkten und zur Erleichterung der Aufnahme von Gesellschafterdarlehen (Kapitalaufnahmeerleichterungsgesetz - KapAEG[3]) vom 20.4.1998[4]. Die §§ 32a, 32b GmbHG gelten nun nicht mehr für den nicht geschäftsführenden GmbH-Gesellschafter, der mit 10% oder weniger am Stammkapital beteiligt ist. Die als Kleinbeteiligtenprivileg, Kleinbeteiligtenschwelle oder auch Zwerganteilsprivileg bezeichnete Vorschrift ist im Laufe einer vom Schrifttum früh begonnenen[5] und intensiv geführten Diskussion hart kritisiert worden[6]; trotzdem ist sie geltendes Recht und muß auch von

1 Gesetz zur Änderung des Gesetzes betreffend die Gesellschaften mit beschränkter Haftung und anderer handelsrechtlicher Vorschriften vom 4.7.1980, BGBl. I, 836.

2 Art. 13 § 2 GmbH-Novelle.

3 Art. 2 Nr. 1 GmbH-Novelle.

4 BGBl. I, 707.

5 *Schöne*, Gesellschaftsrecht 1995, RWS-Forum 8, 293, 298 f.

6 *Roth/Altmeppen*, § 32a Rz. 6; Scholz/K. *Schmidt*, §§ 32a, 32b Rz. 179; *Altmeppen*, ZIP **1996**, 1455; *Claussen*, GmbHR **1996**, 316, 322 f.; *Dauner-Lieb*, DStR **1998**, 609; *v. Gerkan*, RWS-Forum 10, 181, 184 f.; *v. Gerkan*, GmbHR **1997**, 677; *v. Gerkan*, ZGR **1997**, 173, 179 f.; *Goette*, ZHR **162** (1998), 223, 226 ff.; *Goette*, DStR **1997**, 2027, 2029 f.; *Götz/Hegerl*, DB **1997**, 2365; *Grunewald*, GmbHR **1997**, 7; *Haas*, DZWIR **1999**, 177; *Habersack*, ZHR **162** (1998), 201, 208 ff.; *Hirte*, ZInsO **1998**, 147; *Hirte*, RWS-Forum 10, 145, 155 f.; *Karollus*, ZIP **1996**, 1893; *Pape/Voigt*, DB

ihren Kritikern hingenommen werden[7]. Die Anwendung des § 32a Abs. 3 Satz 2 GmbHG auf die GmbH & Co. i. S. d. §§ 129a, 172a HGB hat der Gesetzgeber nicht besonders geregelt; ausweislich der Gesetzesbegründung hat er keine Probleme vorausgesehen[8], sondern mißt § 32a Abs. 3 Satz 2 GmbHG nur klarstellende Funktion bei und verspricht sich zugleich eine Deregulierung des Eigenkapitalersatzrechts[9]. Äußerungen aus dem Bundesministerium der Justiz priesen § 32a Abs. 3 Satz 2 GmbHG als so einfach an, daß er im Regelfall ohne Gutachten und Taschenrechner angewendet werden könne[10]; die Menschen könnten sich auf sie einstellen[11]. Diese Sichtweise trifft aber schon für die direkte Anwendung des § 32a Abs. 3 Satz 2 GmbHG auf die GmbH nicht uneingeschränkt zu[12].

1996, 2113; *Pentz*, GmbHR **1999**, 437; *Pentz*, BB **1997**, 1265; K. *Schmidt*, RWS-Forum 14, 287, 299 ff.; K. *Schmidt*, ZIP **1996**, 1586; Harm Peter *Westermann*, DZWIR **2000**, 1, 3 f.; vgl. auch Harm Peter *Westermann*, FS für Zöllner, 607, 611 ff.; grundsätzlich begrüßend dagegen *Lutter/Hommelhoff*, §§ 32a/b Rz. 66; *Claussen*, GmbHR **1996**, 316, 321; kritisch K. *Schmidt*, RWS-Forum 14, 287, 300 f.

7 Zu Recht gegen ein Widerstandsrecht gegen mißlungene Gesetze Scholz/K. *Schmidt*, §§ 32a, 32b Rz. 180; *Dauer-Lieb*, DStR **1998**, 609, 616 f.; *Goette*, ZHR **162** (1998), 223, 229; *Heckschen*, RWS-Forum 15, 129, 150; K. *Schmidt*, GmbHR **1999**, 1269; Harm Peter *Westermann*, DZWIR **2000**, 1, 2; nach Auswegen suchend *Habersack*, ZHR **162** (1998), 201, 211; K. *Schmidt*, ZIP **1996**, 1586, 1589.

8 Begründung RegE KapAEG, BT-Drucksache 13/**7141**, 11 f.

9 Begründung RegE KapAEG, BT-Drucksache 13/**7141**, 12; **a. A.** *Dauner-Lieb*, DStR **1998**, 1517; *v. Gerkan*, RWS-Forum 10, 181, 184; *v. Gerkan*, GmbHR **1997**, 677, 682; *Goette*, ZHR **162** (1998), 223, 228; *Goette*, DStR **1997**, 2027, 2029; *Habersack*, ZHR **162** (1998), 201, 210; *Hirte*, ZinsO **1998**, 147, 154; *Hirte*, RWS-Forum 10, 145, 165; *Pape/Voigt*, DB **1996**, 2113, 2115; *Pentz*, GmbHR **1999**, 437, 441; *Pentz*, BB **1997**, 1265, 1269; K. *Schmidt*, ZIP **1996**, 1586, 1588; Harm Peter *Westermann*, DZWIR **2000**, 1, 3.

10 *Seibert*, GmbHR **1998**, 309.

11 *Seibert*, DStR **1997**, 35, 36.

12 Im einzelnen Scholz/K. *Schmidt*, §§ 32a, 32b Rz. 181 ff.; *v. Gerkan*, GmbHR **1997**, 677, 679 ff.; *Goette*, ZHR **162** (1998), 223, 228; *Goette*, DStR **1997**, 2027, 2029; *Haas*, DZWIR **1999**, 177, 178 f.; *Heckschen*, RWS-Forum 15, 129, 135 ff.; *Hirte*, ZInsO **1998**, 147, 153 f.; *Hirte*, RWS-Forum 10, 145, 161 f.; *Obermüller*, ZInsO **1998**, 51, 52; *Pape/Voigt*, DB **1996**, 2113, 2117; *Pentz*, GmbHR **1999**, 437, 441 ff.; *Pentz*, BB **1997**, 1265, 1269; K. *Schmidt*, RWS-Forum 14, 287, 300; K. *Schmidt*, GmbHR **1999**, 1269; K. *Schmidt*, ZIP **1996**, 1586, 1588; Harm Peter *Westermann*, DZWIR **2000**, 1, 4 ff.; *v. Gerkan*, Handbuch, Rz. 3.17 ff.; vgl. auch Harm Peter *Westermann*, FS für Zöllner, 607, 618 ff.

13 *Seibert*, DStR **1997**, 35, 36.

14 *Seibert*, DStR **1997**, 35, 36.

Erst recht erinnert in der Gesetzesbegründung nichts daran, daß mit den §§ 129a, 172a HGB bereits vor Erlaß des § 32a Abs. 3 Satz 2 GmbHG an einer entfernteren Stelle eine Analogie existiert hat, die selbst zwar nicht Gegenstand des KapAEG war, aber trotzdem von jeder Änderung der §§ 32a, 32b GmbHG betroffen ist. Entweder handelt es sich um erneutes Versehen des Gesetzgebers (vgl. Rz. 8), oder er zählt die §§ 129a, 172a HGB bewußt zu einem der „krummen Fälle, die den Gerichten Kopfzerbrechen bereiten und die Rechtsgelehrten inspirieren“[13] und nicht zum Normalfall, den die die „objektive Ordnung errichtende Rechtsnorm“[14] regeln muß.

Auf den ersten Blick ist die Analogie deshalb problematisch, weil § 32a 2
Abs. 3 Satz 2 GmbHG mit der Beteiligung am Stammkapital auf einen Sachverhalt Bezug nimmt, der der Personenhandelsgesellschaft unbekannt ist[15]. Ein zweites Problem aber liegt bereits in § 32a Abs. 3 Satz 2 GmbHG selbst, dessen sachlicher Gehalt schon im direkten Anwendungsbereich einer gewöhnlichen GmbH unklar ist[16]. In Hinblick auf die §§ 129a, 172a HGB stellt sich damit die Frage, wie der Schwellenwert des § 32a Abs. 3 Satz 2 GmbHG von 10% am Stammkapital in der GmbH & Co. bestimmt werden soll. Die Rechtsprechung hatte bislang noch nicht die Gelegenheit, sich mit diesem Problem auseinanderzusetzen. Im Schrifttum haben sich mit der versteckten Verweisung - soweit ersichtlich - bislang nur *v. Gerkan*[17], *Habersack*[18], *Koller*[19], *Lutter/Hommelhoff*[20], K. *Schmidt*[21] und Harm Peter *Westermann*[22] beschäftigt. Die Probleme, die der neue § 32a Abs. 3 Satz 2 GmbHG aufwirft, sind bereits zum Anlaß genommen worden, den Kapitalersatz in seiner gegenwärtigen Form grundsätzlich in Frage zu stellen[23]; dieser Weg würde hier nicht weiter führen. Die Lösung des Problems muß sich dem Rechtszustand stellen, der ge-

15 Dazu unten Rz. 13 ff.

16 Dazu unten Rz. 24 ff.

17 *V. Gerkan*, GmbHR **1997**, 677, 680; *v. Gerkan*, Handbuch, Rz. 3.23.

18 Staub/*Habersack*, § 129a Rz. 15 f.

19 *Koller/Roth/Morck*, § 172a Rz. 12, 32.

20 *Lutter/Hommelhoff*, §§ 32a/b Rz. 72.

21 Scholz/K. *Schmidt*, §§ 32a, 32b Rz. 210.

22 Harm Peter *Westermann*, DZWIR **2000**, 1, 4.

23 So *Grunewald*, GmbHR **1997**, 7 ff.

genwärtig gilt[24], und es muß zumindest eine Lösung gefunden werden, mit der man „leben“[25] kann.

[24] Resignierend *Reiner*, FS für Boujong, 415, 455.

[25] Vgl. Harm Peter *Westermann*, DZWIR **2000**, 1, 3.

§ 2 Problemstellung

I. Die Entwicklung des Eigenkapitalersatzrechts in der GmbH im Überblick

Das Problem des Gesellschafterdarlehens in der GmbH ist früh erkannt 3
worden[26]. Trotzdem blieb eine Reaktion des Gesetzgebers lange aus, denn mit den §§ 32a, 32b GmbHG a. F., §§ 129a, 172a HGB, § 32a KO und § 3b AnfG a. F. erfolgte eine Reaktion erst im Jahr 1980 (Rz. 1). Eine ganze Reihe von Gesetzen hat in jüngster Vergangenheit Bewegung in dieses Gefüge gebracht. Mit der neuen Insolvenzordnung (InsO) vom 5.10.1994[27], in Kraft getreten zum 1.1.1999[28], ist die Konkursordnung aufgehoben worden[29]; § 32a KO wurde von § 135 InsO abgelöst, der für die Berechnung der Anfechtungsfrist nicht mehr an die Eröffnung des Insolvenzverfahrens, sondern an den Zeitpunkt der Antragstellung anknüpft; § 3b AnfG a. F. hat der in der Sache gleiche § 6 AnfG ersetzt[30]. Für Forderungen aus Gesellschafterdarlehen besteht nun nur noch Nachrang (§ 39 Abs. 1 Nr. 5 InsO); § 32a Abs. 1 GmbHG wurde entsprechend angepaßt[31]. Der maßgebliche Einsatzzeitpunkt in § 32a Abs. 1 GmbHG ist vom Gesetz zur Kontrolle und Transparenz im Unterneh-

26 *Hommelhoff/Kleindiek*, FS 100 Jahre GmbHG, 421, 425 ff.; vgl. auch *Fastrich*, FS für Zöllner, 143, 148; *Koppensteiner*, AG **1998**, 308, 309 m. w. N.

27 BGBl. I, 2866.

28 Art. 110 Abs. 1 Einführungsgesetz zur Insolvenzordnung (EGInsO) vom 5.10.1994, BGBl. I, 2911.

29 Art. 2 Nr. 4 EGInsO.

30 Art. 1 § 6 EGInsO.

31 Art. 48 Nr. 2 a) EGInsO.

mensbereich (KonTraG) vom 27.4.1998[32] als „Krise der Gesellschaft" legaldefiniert worden[33]. Die Kleinbeteiligtenschwelle des § 32a Abs. 3 Satz 2 GmbHG wurde durch das KapAEG (Rz. 1), das Sanierungsprivileg des § 32a Abs. 3 Satz 3 GmbHG später durch das KonTraG eingefügt[34]. § 32b Abs. 1 Satz 1 GmbHG sieht erstmals eine Rückforderungsfrist vor[35].

4 Bereits rund 20 Jahre vor der GmbH-Novelle von 1980 hatte der BGH damit begonnen[36], mit Hilfe der §§ 30, 31 GmbHG ein ganzes System von Eigenkapitalersatzregeln zu entwickeln[37], für das sich die Bezeichnung als „Rechtsprechungsregeln" eingebürgert hat, nachdem das Gericht diese Regeln in einer aufsehenerregenden Entscheidung[38] auch nach der Novellierung des GmbHG im Jahr 1980 für weiterhin anwendbar erklärt hatte[39]. Die Vorschriften der Novelle blieben wegen ihres auf das Konkursverfahren (§§ 32a, 32b GmbHG a. F.) beschränkten Anwendungsbereiches und der einjährigen Anfechtungsfrist (§§ 32a KO, 3b AnfG a. F.) hinter dem durch die §§ 30, 31 GmbHG bereits geschaffenen Gläubigerschutz zurück[40]. Hinzu kam der unglückliche Umstand, daß der BGH kurz vor der Novelle das „Stehenlassen" eines Kredits in der Krise unter bestimmten Voraussetzungen der Vergabe eines solchen gleichgestellt hatte[41], während § 32a Abs. 1 GmbHG lediglich von „gewährt" spricht, so daß sogleich Bemühungen entstanden, diesen Fall noch unter § 32a Abs. 1

32 BGBl. I, 786.

33 Art. 10 Nr. 1 KonTraG; da § 32a Abs. 1 GmbHG bereits durch Art. 48 Nr. 2 a) EGInsO an die neue InsO angepaßt worden war (Anm. 31) und diese Fassung diese Änderung durch das KonTraG nicht berücksichtigen konnte, wurde sie in Art. 1 Nr. 10 EGInsOÄndG (Gesetz zur Änderung des Einführungsgesetzes zur Insolvenzordnung und anderer Gesetze vom 5.10.1994, BGBl. I, 3836) weitergeführt.

34 Art. 10 Nr. 2 KonTraG.

35 Art. 48 Nr. 3 EGInsO.

36 Den Ausgangspunkt bildete BGH, Urteil vom 14.12.1959, BGHZ **31**, 258.

37 Zum gegenwärtigen Stand z. B. Scholz/K. *Schmidt*, §§ 32a, 32b Rz. 28 ff.

38 K. *Schmidt*, JZ **1984**, 880: Aufstand der Makulatur; vgl. auch *Hommelhoff*, ZGR **1988**, 460, 461; *Kübler*, FS für Stimpel, 3 ff.

39 BGH, Urteil vom 26.3.1984, BGHZ **90**, 370, 376.

40 BGH, Urteil vom 26.3.1984, BGHZ **90**, 370, 380.

41 BGH, Urteil vom 26.11.1979, BGHZ **75**, 334, 337.

oder unter Abs. 3 GmbHG zu subsumieren[42]. Diese Unstimmigkeiten zwischen Richterrecht und nachfolgender Gesetzgebung trübten die Freude über die Novelle ganz erheblich[43], und die h. L. ging bereits vor der höchstrichterlichen Klärung durch den BGH von der Weitergeltung der Rechtsprechungsregeln aus[44].

Seitdem läßt sich das Eigenkapitalersatzrecht in der GmbH als „zweistufig"[45] charakterisieren. Die schon angedeuteten Unterschiede liegen sowohl in den Voraussetzungen als auch auf der Rechtsfolgenseite und lassen sich im einzelnen wie folgt zusammenfassen: Während die gesetzlichen Regeln - von den §§ 1, 6 AnfG in der Einzelzwangsvollstrekkung abgesehen - von der Eröffnung des Insolvenzverfahrens abhängig sind, greifen die Rechtsprechungsregeln des BGH bereits ab Kreditunwürdigkeit der Gesellschaft ein. Das ist von Bedeutung, denn in den 80er Jahren z. B. wurde die Eröffnung ca. 75% aller Konkursanträge mangels Masse abgelehnt[46]. Während § 32a Abs. 1 GmbHG auf den Zeitpunkt abstellt, in dem ordentliche Kaufleute der Gesellschaft Eigenkapital zugeführt hätten („Krise der Gesellschaft"), kommt es nach den Rechtspre- **5**

42 *Beinert/Hennerkes/Binz*, GmbHR **1981**, 10, 11; *Deutler*, GmbHR **1980**, 145, 149; *Fleck*, FS für Werner, 107, 113 f.; *Gebhard*, DB **1984**, 1385; *Geßler*, ZIP **1981**, 228, 235; *Geßler*, BB **1980**, 1385, 1391; *Kamprad*, GmbHR **1984**, 339, 340; *Kreuzer*, ZIP **1980**, 597, 603; *Lutter*, DB **1980**, 1317, 1321; *Menzel*, AG **1982**, 197, 198 f.; W. *Müller*, WPg **1980**, 369, 375; K. *Schmidt*, ZIP **1981**, 689, 692; K. *Schmidt*, ZGR **1980**, 567, 572 ff.; *Thöne*, DB **1980**, 2179; *Ulmer*, ZIP **1984**, 1163, 1168; Harm Peter *Westermann*, ZIP **1982**, 379, 388 f.

43 Z. B. *Altmeppen*, ZIP **1996**, 1455: „Tiefpunkt gesetzgeberischer Kunst"; K. *Schmidt*, JZ **1984**, 880, 881: „Was von dieser Art gesetzlicher Ausformung rechtspolitischer Ziele zu halten ist, wollen wir nicht in der polternden Sprache der Gegenwart artikulieren."

44 Umfangreiche Nachweise bei *Joost*, ZHR **148** (1984), 27, 44 Anm. 56.

45 Damit ist auf einer ersten Stufe der Schutz des Stammkapitals (BGH-Regeln) und auf der zweiten Stufe die Verstrickung des eventuell darüber hinausgehenden Teils des Darlehens (GmbH-Novelle) gemeint; die Geltung beider Regelungskomplexe wird damit zutreffender beschrieben als mit dem Begriff der Zweispurigkeit, *Lutter/Hommelhoff*, §§ 32a/b Rz. 10; *v. Gerkan*, ZGR **1997**, 173, 178; *v. Gerkan*, GmbHR **1990**, 384, 385; *Hommelhoff*, ZGR **1988**, 460, 481; *Hommelhoff/Kleindiek*, FS 100 Jahre GmbHG, 421, 432; Münchener Handbuch Band III/*Rümker*, § 53 Rz. 5 ff.

46 K. *Schmidt*, GesR, 2. Aufl., § 11 VI 3 c).

chungsregeln mittlerweile[47] darauf an, ob die Gesellschaft im Zeitpunkt der Leistung von dritter Seite keinen Kredit zu marktüblichen Bedingungen hätte erhalten können und ohne die Leistung deshalb hätte liquidiert werden müssen[48]; beide Kriterien werden heute weitgehend gleich behandelt[49]. Auf der Rechtsfolgenseite können eigenkapitalersetzende Darlehen nach der höchstrichterlichen Rechtsprechung überhaupt nicht geltend gemacht werden, nach den §§ 32a Abs. 1 GmbHG, 39 Abs. 1 Nr. 5 InsO besteht (nunmehr) lediglich Nachrang. Sicherheiten des Gesellschaftergläubigers fallen den Rechtsprechungsregeln zufolge ipso iure weg, da Haftkapital nicht sicherungsfähig ist[50], nach den §§ 135 Nr. 1 InsO, 6 Nr. 1 AnfG besteht lediglich eine Anfechtungsmöglichkeit, wenn die Sicherheit innerhalb der letzen zehn Jahre vor dem Antrag auf Eröffnung des Insolvenzverfahrens bestellt wurde. Die gleichen Anfechtungsmöglichkeiten bestehen innerhalb Jahresfrist bei der Rückgewähr eigenkapitalersetzender Leistungen (§§ 135 Nr. 2 InsO, 6 Nr. 2 AnfG), während die Lösung der Rechtsprechung (§ 31 GmbHG) lediglich eine Verjährungsfrist von fünf Jahren beachten muß (§ 31 Abs. 5 GmbHG). Auch im Umfang der Bindung der gewährten Hilfe bestehen Unterschiede: Während die §§ 32a, 32b GmbHG das Darlehen der gesamten Höhe nach erfassen (str.; Rz. 85), greifen die §§ 30, 31 GmbHG nur soweit ein, wie durch die Auszahlung das satzungsmäßige Stammkapital angegriffen würde[51]. Für

47 Seit BGH, Urteil vom 24.3.1980, BGHZ **76**, 326, 330. Der BGH hat im Laufe seiner Rechtsprechung den entscheidenden Zeitpunkt, begonnen von Zahlungsunfähigkeit über Überschuldung bis hin zur Kreditunwürdigkeit im Vorfeld der Kokursreife, immer weiter vorverlagert; zu dieser Entwicklung *Farrenkopf/Cahn*, AG **1983**, 151, 152.

48 Dazu *Beinert/Hennerkes/Binz*, GmbHR **1981**, 10, 11; *Deutler*, GmbHR **1980**, 145, 149; *Fleck*, FS für Werner, 107, 117 ff.; *Geßler*, ZIP **1981**, 228, 232; *Geßler*, BB **1980**, 1385, 1391; *Lutter*, DB **1980**, 1317, 1321; *Menzel*, AG **1982**, 197, 199; K. *Müller*, GmbHR **1982**, 33 ff.; W. *Müller*, WPg **1980**, 369, 374; K. *Schmidt*, ZGR **1980**, 567, 571 f.; *Ullrich*, GmbHR **1983**, 133, 141; *Ulmer*, FS für Duden, 661, 673 f.

49 *Baumbach/Hueck*, § 32a Rz. 43; Hachenburg/*Ulmer*, § 32a, b Rz. 46; *Lutter/Hommelhoff*, §§ 32a/b Rz. 18; Meyer-Landrut/*Meyer-Landrut*, § 32a Rz. 3; *Roth/Altmeppen*, § 32a Rz. 10; Scholz/K. *Schmidt*, §§ 32a, 32b Rz. 38; Münchener Handbuch Band III/*Rümker*, § 53 Rz. 9.

50 BGH, Urteil vom 26.11.1979, BGHZ **75**, 334, 339; *Altmeppen*, ZIP **1993**, 1677; K. *Schmidt*, ZHR **147** (1983) 165, 168; K. *Schmidt*, GesR, § 37 IV 4 c); vgl. auch *Beinert/Hennerkes/Binz*, GmbHR **1981**, 10, 12: Einreden aus §§ 1137, 812 BGB.

51 Kritisch *Kübler*, FS für Stimpel, 3, 10.

52 *Lutter/Hommelhoff*, §§ 32a/b Rz. 17; *v. Gerkan*, ZGR **1997**, 173, 178; *v. Gerkan*, GmbHR **1990**, 384, 385; *Hommelhoff/Kleindiek*, FS 100 Jahre GmbHG, 421, 433.

die praktische Rechtsanwendung wird allerdings ohnehin empfohlen, nach der Insolvenzeröffnung allein auf die Novellenregeln abzustellen, um sich den lästigen Nachweis zu ersparen, ob und in welcher Höhe genau das Stammkapital durch die Rückzahlung angegriffen wurde[52], wenngleich man die beiden Regelungskomplexe dadurch harmonisieren will, indem die Regeln des BGH bis zur Stammkapitalziffer als leges speciales behandelt werden und darüber hinaus die Novelle Anwendung finden soll („Zweistufigkeit"). Weniger weit geht die GmbH-Novelle dagegen, was die Anzahl der Haftungssubjekte angeht, denn eine subsidiäre Haftung der Mitgesellschafter wie in § 31 Abs. 3 GmbHG ist hier nicht vorgesehen.

II. Das Eigenkapitalersatzrecht in der GmbH & Co.

1. §§ 129a, 172a HGB

a) Sachlicher Anwendungsbereich

Die §§ 129a, 172a HGB bestimmen die entsprechende Anwendung der §§ 32a, 32b GmbHG auf die oHG und KG, in der keine natürliche Person unbeschränkt haftet. Gem. Satz 2 beider Vorschriften ist die Anwendbarkeit ausgeschlossen, wenn zu den Gesellschaftern der GmbH & Co. eine Personenhandelsgesellschaft gehört, an der eine natürliche Person beteiligt ist[53]. 6

b) Persönlicher Anwendungsbereich

Die Anwendbarkeit der §§ 32a, 32b GmbHG wird „mit der Maßgabe" bestimmt, daß an die Stelle des GmbH-Gesellschafters in den §§ 32a, 32b GmbHG die Gesellschafter der Gesellschafter-Gesellschaften in der oHG (§ 129a HGB) bzw. die Gesellschafter der Komplementär-Gesellschaften und die Kommanditisten in der KG (§ 172a HGB) treten. Das Gesetz unterscheidet nicht zwischen Kommanditisten, die zugleich einen Ge- 7

[53] Die Anwendung der Regeln über den Eigenkapitalersatz auf die gesetzestypische Personenhandelsgesellschaft ist streitig; dazu *Habersack*, ZHR **162** (1998), 201, 213 ff.; umfassender Ansatz bei K. *Schmidt*, ZIP **1991**, 1; K. *Schmidt*, GmbHR **1986**, 337; K. *Schmidt*, AG **1984**, 12.

schäftsanteil an der Komplementär-GmbH halten, und sog. „Nur-Kommanditisten", bei denen das nicht der Fall ist. Streitig ist, ob die §§ 129a, 172a HGB in analoger Anwendung auch solche Hilfen erfassen, die der oHG von ihren Gesellschaftern bzw. der KG von ihren Komplementären gegeben werden. Das wird einerseits unter Hinweis auf den Wortlaut der §§ 129a, 172a HGB und auf die persönliche Haftung dieser Gesellschafter (§§ 128, 161 Abs. 2 HGB) abgelehnt[54]; das ist auch der Standpunkt des Gesetzgebers[55]. Andererseits wird geltend gemacht, daß persönliche Haftung den Eigenkapitalersatz nicht ersetzen könne, weil nur er zur Bindung der Kredite an das Gesellschaftsvermögen führe[56]. Wegen des neuen § 93 InsO, der das Recht zur Geltendmachung der persönlichen Haftung eines Gesellschafters für Verbindlichkeiten der Gesellschaft im Insolvenzverfahren ausschließlich dem Insolvenzverwalter zuweist, hält *Habersack* die analoge Anwendung der §§ 129a, 172a HGB für entbehrlich, weil nun nicht mehr zu befürchten sei, daß der Gesellschafter das Darlehen auf Kosten der Masse anmelde und die Gläubiger auf die Geltendmachung ihrer Ansprüche aus § 128 HGB verwiesen seien[57]. Daran ist richtig, daß § 93 InsO den unter der Geltung der KO bestehenden Wettlauf der Gläubiger um die persönliche Gesellschafterhaftung wegen ihrer Ausfälle im Insolvenzverfahren über die Gesellschaft beendet und gewährleistet, daß das Vermögen des persönlich haftenden Gesellschafters der Gesamtheit der Gläubiger zugute kommt[58]. Die Vorschrift verhindert aber nicht, daß die Ansprüche auf Rückzahlung gegen die Gesellschaft nach wie vor angemeldet werden können. Kommt es durch die Anmeldung der Kredite zu einer Schmälerung der Insolvenzquote der außenstehenden Gläubiger (Rz. 100), stellt § 93 InsO zwar einen gleichmäßigen Ausgleich unter allen Gläubigern sicher; er ist aber vom Erfolg der Bemühungen des Insolvenzverwalters bei den persönlich haftenden

54 Heymann/*Horn*, § 172a Rz. 14; *Koller/Roth/Morck*, § 172a Rz. 11; Staub/*Schilling*, § 172a Rz. 6; *Deutler*, GmbHR **1980**, 145, 152; *Gersch/Herget/Marsch/Stützle*, GmbH-Reform 1980, Rz. 373.

55 Begründung RegE GmbH-Novelle, BT-Drucksache 8/**1347**, 58.

56 Schlegelberger/K. *Schmidt*, § 172a Rz. 19; Scholz/K. *Schmidt*, §§ 32a, 32b Rz. 209; Staub/*Habersack*, § 129a Rz. 11; *Habersack*, ZHR **162** (1998), 201, 213; ohne Begründung *Lutter*, DB **1980**, 1317, 1325; vgl. auch *v. Gerkan*, ZGR **1997**, 173, 188 m. w. N.

57 Staub/*Habersack*, § 129a Rz 11; *Habersack*, ZHR **162** (1998), 201, 213.

58 Begründung RegE InsO, BT-Drucksache 12/**2443**, 140.

59 Begründung RegE InsO, BT-Drucksache 12/**2443**, 140.

Gesellschaftern abhängig. § 93 InsO soll zwar der Massearmut der Personengesellschaft entgegenwirken, indem verhindert wird, daß ein Antrag auf Eröffnung des Insolvenzverfahrens über das Vermögen der Gesellschaft mangels Masse abgewiesen werden muß, obwohl ein persönlich haftender Gesellschafter über ausreichendes Vermögen verfügt[59]; das Vermögen der nach § 128 HGB haftenden Gesellschafter selbst stellt § 93 InsO aber nicht unter die Verwaltung des Insolvenzverwalters.

c) Rechtsfolgen

Die Rechtsfolgen ergeben sich zunächst aus den §§ 32a, 32b GmbHG, auf 8
die die §§ 129a, 172a HGB ausdrücklich verweisen. Die nicht genannten §§ 135 InsO, 6 AnfG werden aber nach h. M. ebenfalls von der Verweisung erfaßt. Es handelt sich um ein Redaktionsversehen[60].

2. Rechtsprechungsregeln des BGH

Die Verweisung der §§ 129a, 172a HGB erfaßt nur die Novellenregeln 9
von 1980, deren Anwendungsbereich auf das Insolvenzverfahren beschränkt ist. Für seine aus den §§ 30, 31 GmbHG abgeleiteten Rechtsprechungsregeln stand mit BGHZ **67**, 171[61] bereits vor der GmbH-Novelle von 1980 fest, daß sie auch auf die KG Anwendung finden, in der kein Komplementär eine natürliche Person ist. Die Entscheidung betraf einen Kommanditisten, der zugleich an der Komplementär-GmbH beteiligt war. Ein Darlehen, das der KG gegeben wird, führt für die GmbH wirtschaftlich gesehen denselben Zustand herbei, wie wenn das Darlehen unmittelbar an sie gegeben worden wäre; mit der wiedererlangten Liquidität der KG wird vorläufig auch die Gefahr einer die finanziellen Möglichkeiten übersteigende Inanspruchnahme der GmbH gebannt, jedoch nur dann, wenn die Darlehensvaluta nicht zurückzuzahlen sind, bevor der mit ihrer Hergabe verfolgte Zweck nachhaltig erreicht ist[62]. Später stellte der BGH klar, daß dies auch für den sog. „Nur-Kommanditisten“ gilt, der nicht

60 Scholz/K. *Schmidt*, §§ 32a, 32b Rz. 213 m. w. N.

61 BGH, Urteil vom 27.9.1976.

62 BGH, Urteil vom 27.9.1976, BGHZ **67**, 171, 175 f.

gleichzeitig der GmbH angehört, bei dem nur ein Anlageinteresse besteht und dem ein bestimmender Einfluß auf die Geschäftsführung fehlt[63].

10 Die Voraussetzungen der §§ 30, 31 GmbHG werden mittelbar am Vermögen der Komplementär-GmbH überprüft[64]. In zwei Fällen sind sie erfüllt[65]: Die Personengesellschaft ist überschuldet, ein Ausgleich durch kapitalersetzende Gesellschafterleistungen fällt infolge ihrer Rückzahlung weg und die GmbH besitzt keine über ihr Stammkapital hinausgehende Vermögenswerte; dann muß die GmbH wegen ihrer vollen Haftung aus § 128 HGB die ungedeckten Verbindlichkeiten der Personengesellschaft ebenfalls passivieren und kann infolge der Aushöhlung des Vermögens der KG keinen realisierbaren Freistellungsanspruch aktivieren. Im zweiten Fall ist das Einlagekapital der KG zwar ganz oder teilweise aufgezehrt, eine Überschuldung aber noch nicht zu verzeichnen. Ist die GmbH an diesem Kapital beteiligt, kann sich durch den Kapitalschwund in der KG der Wert dieser Beteiligung auf Kosten des Stammkapitals vermindern, so daß das Gesellschafterdarlehen die Funktion haben kann, diese Kapitallücke aufzufüllen.

III. Anwendbarkeit des § 32a Abs. 3 Satz 2 GmbHG auf die GmbH & Co.

1. Auf die §§ 32a, 32b GmbHG im Wege der §§ 129a, 172a HGB

11 Die §§ 129a, 172a HGB erklären die §§ 32a, 32b GmbHG und damit auch § 32a Abs. 3 Satz 2 GmbHG in der GmbH & Co. für anwendbar. Da die §§ 129a, 172a HGB die Anwendung der §§ 32a, 32b GmbHG insgesamt vorschreiben, handelt es sich um eine Rechtsgrund- und nicht nur um eine Rechtsfolgenverweisung, die § 32a Abs. 3 Satz 2 GmbHG als negative Anwendungsvoraussetzung überhaupt nicht erfassen würde. Die

63 BGH, Urteil vom 19.2.1990, BGHZ **110**, 342, 357 f.

64 Für eine analoge Anwendung auf das Vermögen der KG selbst Scholz/K. *Schmidt*, §§ 32a, 32b Rz. 206, 214.

65 BGH, Urteil vom 24.3.1980, BGHZ **76**, 326, 336; grundlegend BGH, Urteil vom 29.3.1973, BGHZ **60**, 324; *v. Gerkan*, Handbuch, Rz. 10.2.

§§ 129a, 172a HGB tauschen wegen der besonderen Struktur der GmbH & Co. lediglich die Adressaten aus (Rz. 7).

2. Auf die Rechtsprechungsregeln des BGH

Die Anwendung des § 32a Abs. 3 Satz 2 GmbHG auf die Rechtsprechungsregeln des BGH ist noch ungeklärt. Die überwiegende Meinung im Schrifttum äußert sich wegen des insoweit ausdrücklichen gesetzgeberischen Willens[66] dazu positiv[67]. Die Rechtsprechung hatte bislang noch keine Gelegenheit, zu dieser Frage Stellung zu nehmen. 12

IV. Analoge Anwendung des § 32a Abs. 3 Satz 2 GmbHG

1. Anwendungsprobleme

Die Voraussetzungen für eine ungeschriebene Analogie als Auslegungsmittel des Gesetzesanwenders sind die planwidrige Unvollständigkeit des Gesetzes[68] und eine ähnliche Interessenlage zwischen dem geregelten und dem nicht geregelten Sachverhalt[69], die ihre gleiche Behandlung rechtfertigt. Eine ausdrücklich im Gesetz vorgeschriebene Analogie, wie es die §§ 129a, 172a HGB sind, enthebt den Rechtsanwender von der Prüfung dieser Fragen, weil der Gesetzgeber sie durch Schaffung der Analogie bereits selbst im positiven Sinn beantwortet hat. Dafür stellt sich hier die Frage, wie die Tatbestandsmerkmale der analog anzuwendenden Norm auf den analog zu behandelnden Fall zu übertragen sind. Im Idealfall ist 13

66 Begründung RegE KapAEG, BT-Drucksache 13/7141, 12; ebenso *Seibert*, GmbHR **1998**, 309; *Seibert*, DStR **1997**, 35, 36.

67 Scholz/K. *Schmidt*, §§ 32a, 32b Rz. 189; *Altmeppen*, ZGR **1999**, 291, 298; *Goette*, ZHR **162** (1998), 223, 229; *Haas*, DZWIR **1999**, 177, 178; *Habersack*, ZHR **162** (1998), 201, 211; *Heckschen*, RWS-Forum 15, 129, 134 f.; *Hirte*, ZInsO **1998**, 147, 154; *Pentz*, GmbHR **1999**, 437, 443; *Pichler*, WM **1999**, 411, 419; K. *Schmidt*, GmbHR **1999**, 1269; Harm Peter *Westermann*, DZWIR **2000**, 1, 6; vgl. auch *Hirte*, RWS-Forum 10, 145, 160; **a. A.** *Karollus*, ZIP **1996**, 1893, 1895.

68 *Larenz/Canaris*, 194.

69 *Larenz/Canaris*, 202.

das im Verhältnis von „1:1“ möglich[70]. Bei § 32a Abs. 3 Satz 2 GmbHG ist das in Hinblick auf die §§ 129a, 172a HGB nicht der Fall. Es ergeben sich erhebliche Probleme:

a) Fehlendes Stammkapital in oHG und KG

aa) Der GmbH-Gesellschafter der Gesellschafter- bzw. Komplementär-GmbH

14 Grundsätzlich kranken die §§ 129a, 172a HGB daran, daß aus dem Recht der Personenhandelsgesellschaften in das der GmbH als Kapitalgesellschaft verwiesen wird. Konkret äußert sich das darin, daß § 32a Abs. 3 Satz 2 GmbHG an das Stammkapital anknüpft, das der oHG und KG selbst unbekannt ist und in den Fällen der §§ 129a, 172a HGB nur in Form des Stammkapitals der an der Personengesellschaft beteiligten GmbH vorkommt. Hinsichtlich der über die GmbH nur mittelbar an der Personengesellschaft beteiligten Gesellschafter kann § 32a Abs. 3 Satz 2 GmbHG deshalb nur dann nahtlos auf die §§ 129a, 172a HGB übertragen werden, wenn es auch in der GmbH & Co. auf das Stammkapital der an der oHG oder KG beteiligten GmbH ankommt.

bb) Kommanditisten

15 Bei dem Kommanditisten, der zugleich an der Komplementär-GmbH beteiligt ist, stellt sich neben dem Problem des fehlenden Stammkapitals zusätzlich das der Mehrfachbeteiligung (Rz. 19). Bei dem sog. Nur-Kommanditisten fehlt ein Stammkapital als Anknüpfungspunkt gänzlich.

cc) Gesellschafter-GmbHs

16 Auch bei Gesellschafterhilfen der GmbH an die oHG bzw. KG stellt sich das Problem des fehlenden Stammkapitals, über das oHG und KG nicht verfügen.

[70] So muß z. B. im Fall der §§ 681 Satz 2, 666 BGB nur die Person des Beauftragten durch den Geschäftsführer ohne Auftrag ausgetauscht werden. Im übrigen kann § 666 BGB nahtlos übertragen werden.

b) Mindestbetrag in der GmbH

Ein weiteres Problem, das sich aus der Anknüpfung des § 32 Abs. 3 Satz 2 GmbHG an das Stammkapital ergibt, ist das erforderliche Mindestkapital von derzeit 25.000 Euro für die Errichtung einer GmbH (§ 5 Abs. 1 GmbHG). Bei der Anwendung von § 32a Abs. 3 Satz 2 GmbHG auf dieses Mindestkapital ergibt sich, daß das Eigenkapitalersatzrecht in der GmbH auf Gesellschafter mit einer Einlage von höchstens 2.500 Euro niemals Anwendung findet. OHG und KG dagegen kennen keinen vergleichbaren Mindestbetrag, der zu ihrer Gründung erforderlich wäre. Hier stellt sich die Frage, ob auch bei der Anwendung des § 32a Abs. 3 Satz 2 GmbHG auf die §§ 129a, 172a HGB das Überschreiten einer absoluten Grenze irgendeiner Art verlangt werden muß, um den Kapitalersatz anwenden zu dürfen. 17

c) Mittelbare Beteiligung an der GmbH & Co.

Ein weiteres Problem ergibt sich aus dem sachlichen und dem persönlichen Anwendungsbereich der §§ 129a, 172a HGB. In direkter Anwendung erfassen sie Gesellschafterhilfen, die von GmbH-Gesellschaftern als mittelbare Beteiligte an die GmbH & Co. gegeben werden. Zwar hat das Gesetz damit bereits selbst festgelegt, daß diese mittelbaren Beteiligungen eigenkapitalersatzrechtlich relevant sind[71]. Die §§ 129a, 172a HGB berücksichtigen aber nicht, daß diese mittelbare Beteiligung von unterschiedlicher Qualität sein kann, je nachdem, ob die GmbH ihr Vermögen in die Personengesellschaft einbringt und damit Gesellschafterin mit oder ohne Kapitalanteil ist. In Hinblick auf § 32a Abs. 3 Satz 2 GmbHG stellt sich die Frage, ob diese Unterschiede berücksichtigt werden müssen, wenn es darum geht, im Eigenkapitalersatzrecht der GmbH & Co. eine Anwendungsgrenze zu ziehen. 18

d) Mehrfachbeteiligungen

In der GmbH kann ein Gesellschafter nach der Gründung (vgl. § 5 Abs. 2 GmbHG) mehrere Geschäftsanteile halten und ist in entsprechender 19

71 Mittelbare Beteiligungen lassen sich im übrigen nur unter den Voraussetzungen des § 32a Abs. 3 Satz 1 GmbHG erfassen; aufgrund der vielfältigen Gestaltungsmöglichkeiten in diesem Bereich ist es aber noch nicht zu einer Herausbildung von Fallgruppen oder anerkannten Grundsätzen gekommen, *v. Gerkan*, ZGR **1997**, 173, 183.

Höhe am Stammkapital beteiligt. In der Personengesellschaft sind Mehrfachbeteiligungen nach h. M. nicht möglich (Einheitstheorie[72]). Anders verhält es sich in der GmbH & Co. als typenvermischte Personengesellschaft. Hier sind Mehrfachbeteiligungen vor allem in der KG in der Weise üblich, daß der Kommanditist auch Anteile an der Komplementär-GmbH hält; oft handelt es sich sogar nur um eine Einmann-GmbH. Denkbar ist aber auch, daß ein Einzelner mehrere Anteile an verschiedenen Gesellschafter-GmbHs besitzt. Bei solchen Mehrfachbeteiligungen stellt sich die Frage, ob und in welcher Weise sie in Hinblick auf eine irgendwie geartete Anwendungsgrenze für den Kapitalersatz berücksichtigt werden müssen.

e) Verhältnis der Gesellschafter zueinander

20 In der GmbH haben die Gesellschafter zumindest vor dem (dispositiven) Gesetz alle die gleiche Stellung, so daß sie von der 10%-Grenze des § 32a Abs. 3 Satz 2 GmbHG grundsätzlich auch in der gleichen Weise betroffen sind. Das ist bei der GmbH & Co. oHG im direkten Anwendungsbereich des § 129a HGB nur dann der Fall, wenn alle Gesellschafter-GmbHs dieselbe Stellung einnehmen und dies auch für die GmbH-Gesellschafter selbst gilt, bei der Anwendung des § 129a HGB auf Hilfen der Gesellschafter-GmbHs nur dann, wenn diese untereinander dieselbe Stellung einnehmen. In der GmbH & Co. KG verhält es sich dagegen stets anders. Es unterscheiden sich nicht nur die Kommanditisten von den GmbH-Gesellschaftern im direkten Anwendungsbereich des § 172a HGB. Bei analoger Anwendung auf Hilfen einer Komplementär-GmbH unterscheiden sich die Kommanditisten von der Komplementär-GmbH vor allem in ihrer Haftung für Verbindlichkeiten der Gesellschaft (§§ 128, 171 HGB) und in der Befugnis zur Geschäftsführung (§§ 114, 164 HGB) bzw. Vertretung (§§ 125, 170 HGB). Auch hier stellt sich die Frage, ob solche Unterschiede bei einer analogen Anwendung des § 32a Abs. 3 Satz 2 GmbHG auf die GmbH & Co. Berücksichtigung finden müssen. Einen besonderen Konfliktfall stellt hierbei wieder der Kommanditist dar, der zugleich an einer Gesellschafter-GmbH beteiligt ist.

[72] Dazu *Esch*, BB **1996**, 1621; *Esch*, BB **1993**, 664; *Fellmeth*, BB **1992**, 885; *Weimar*, ZIP **1997**, 1769; *Wiedemann*, FS für Zöllner, 635, 639 ff.

f) Die Einheits-GmbH & Co. KG

Die kautelarjuristische Praxis hat ein Ungetüm hervorgebracht, in der die KG Alleingesellschafterin ihrer eigenen Komplementär-GmbH ist, die sog. Einheits-GmbH & Co. KG; wirtschaftlich gesehen gibt es nur den Kommanditisten[73]. Hier scheint bereits bei flüchtiger Betrachtung eine Anwendungsgrenze für die Eigenkapitalersatzregeln ausgeschlossen zu sein. 21

2. Ergebnis

Die Kleinbeteiligtenschwelle des § 32a Abs. 3 Satz 2 GmbHG läßt sich bei Beachtung ihres bloßen Wortlauts nicht auf die §§ 129a, 172a HGB übertragen; eine analoge Anwendung auf das Eigenkapitalersatzrecht der GmbH & Co. ist deshalb nur ihrer ratio legis nach möglich, die den rechtfertigenden Grund dafür bildet, den nichtgeschäftsführenden GmbH-Gesellschafter, der mit höchstens 10% am Stammkapital beteiligt ist, vom Eigenkapitalersatz zu verschonen. 22

V. Meinungsstand

Im Vergleich zu der Anzahl von Problemen, die sich bei der analogen Anwendung des § 32a Abs. 3 Satz 2 GmbHG auf die GmbH & Co. i. S. d. §§ 129a, 172a HGB stellen, sind die bisherigen Äußerungen (Rz. 2) knapp ausgefallen. *V. Gerkan* geht nur auf den Kommanditisten ein[74]. Er erwägt, die Pflichteinlage am Stammkapital der GmbH, am gesamten Kommanditkapital oder am gesamten Eigenkapital der KG, sofern die Komplementär-GmbH eine Vermögensbeteiligung an der KG hält, zu messen, entscheidet sich aber letztlich für die erste Alternative, weil der BGH bei der Anwendung der §§ 30, 31 GmbHG in der GmbH & Co. auf die Erhaltung des Stammkapitals der GmbH abstellt (Rz. 10). Bei Mehrfachbeteiligungen will er die Werte addieren[75]. *Habersack* schränkt den Anwendungsbereich von vornherein in der Weise ein, daß die Komplementär- 23

73 K. *Schmidt*, GesR, § 56 II 3 e).

74 *V. Gerkan*, GmbHR **1997**, 677, 680; *v. Gerkan*, Handbuch, Rz. 3.23.

75 *V. Gerkan*, GmbHR **1997**, 677, 681.

GmbH und der Kommanditist nicht von § 32a Abs. 3 Satz 2 GmbHG erfaßt werden sollen[76]. Hinsichtlich der Gesellschafter der an der oHG beteiligten Gesellschaften (§ 129a HGB) und der Gesellschafter der Komplementär-Gesellschaften (§ 172a HGB) soll die Beteiligung an der GmbH oder die Beteiligung der GmbH an der Personengesellschaft entscheidend sein[77]. *Koller* zufolge kommt es beim GmbH-Gesellschafter auf dessen Beteiligung am Stammkapital und gleichzeitig auf die Beteiligung der GmbH an der KG[78], beim Kommanditisten auf die Beteiligung an der KG an[79]. Auch Harm Peter *Westermann* hält beim GmbH-Gesellschafter die Beteiligung an der GmbH für entscheidend, beim Kommanditisten schließt er sich *v. Gerkan* an[80]. K. *Schmidt* erklärt für den Kommanditisten die Beteiligung am Gesellschaftsvermögen, bei der GmbH & Co. KG ohne Kapitalanteil der GmbH also allein die Beteiligung am Kommanditkapital für entscheidend. Übersteigt der Kapitalanteil des Kommanditisten nicht 10% des Kommanditkapitals, soll er in den Genuß des Privilegs des § 32a Abs. 3 Satz 2 GmbHG kommen, sofern nicht besondere Zurechungsgründe entgegenstehen. Ein Geschäftsanteil von 10% an der Komplementär-GmbH als solcher soll nicht schaden[81]. *Lutter/Hommelhoff* schließlich behandeln nur den Kommanditisten, der zugleich GmbH-Gesellschafter ist. Entscheidend soll allein die GmbH-Beteiligung sein, es sei denn, der Gesellschaftsvertrag der KG weise die Entscheidungsmacht den Kommanditisten gegenüber einer weisungsabhängigen Komplementär-GmbH zu; in diesem Fall müsse festgestellt werden, ob das Entscheidungsgewicht des einzelnen Kommanditisten innerhalb der GmbH & Co. KG dem eines Sperrminoritärs oder eines Mehrheitsgesellschafters in einer GmbH entspricht[82].

76 Staub/*Habersack*, § 129a Rz. 16.

77 Staub/*Habersack*, § 129a Rz. 15, 16.

78 *Koller/Roth/Morck*, § 172a Rz. 12.

79 *Koller/Roth/Morck*, § 172a Rz. 32.

80 Harm Peter *Westermann*, DZWIR **2000**, 1, 4.

81 Scholz/K. *Schmidt*, §§ 32a, 32b Rz. 210.

82 *Lutter/Hommelhoff*, §§ 32a/b Rz. 72.

VI. Folgerungen

Eine Übertragung des § 32a Abs. 3 Satz 2 GmbHG auf die GmbH & Co. i. S. d. §§ 129a, 172a HGB ist mit Hilfe des Wortlauts allein nicht möglich (Rz. 22). Aus dieser Sicht kleben die bisher unterbreiteten Lösungsvorschläge aus dem Schrifttum zu sehr am Wortlaut des § 32a Abs. 3 Satz 2 GmbHG, indem versucht wird, der prozentual bemessenen Beteiligung am Stammkapital der GmbH eine entsprechende prozentuale Beteiligung an der oHG bzw. KG gegenüberzustellen. Dadurch bleibt die ratio legis des § 32a Abs. 3 Satz 2 GmbHG von vornherein auf der Strecke, obwohl es gerade die Anwendung einer Norm ihrem Sinngehalt nach ist, die eine Analogie kennzeichnet. Als Ausgangspunkt ist deshalb zunächst zu überprüfen, von welchem inneren Sinn des § 32a Abs. 3 Satz 2 GmbHG der Gesetzgeber ausgegangen ist. 24

§ 3 Die subjektive ratio legis des § 32a Abs. 3 Satz 2 GmbHG

I. Der gesetzgeberische Wille

Die Vorstellungen des Gesetzgebers, die der neuen Ausnahmebestimmung des § 32a Abs. 3 Satz 2 GmbHG zugrundeliegen, lassen sich der Gesetzesbegründung zum KapAEG eindeutig entnehmen[83]. Maßgebend waren mehrere Erwägungen von unterschiedlichem Gewicht. 25

1. § 32a Abs. 3 Satz 2 GmbHG als bloße Klarstellung

Ausgangspunkt und dogmatische Rechtfertigung bildet die Entscheidung BGHZ **90**, 381[84], die das Eigenkapitalersatzrecht in der AG erst ab einer Beteiligung von in der Regel 25% des Aktienbestandes für anwendbar erklärt hat. 26

a) BGHZ **90**, 381

Diese Entscheidung ist aus zwei Gründen von besonderer Bedeutung. Abgesehen davon, daß sich der BGH zum ersten Mal mit Gesellschafterdarlehen an eine AG beschäftigen mußte, nahm er zunächst zur Begründung des Eigenkapitalersatzes abschließend Stellung. Seine bisherigen Erwägungen (Rz. 55 f.) ließen sich im Kern auf ein und denselben Gedanken zurückführen, nämlich auf die Verantwortung des Gesellschafters 27

83 Begründung RegE KapAEG, BT-Drucksache 13/7141, 11 f.

84 BGH, Urteil vom 26.3.1984.

für eine ordnungsgemäße Unternehmensfinanzierung[85]. Der Gesellschafter sei in der Krise zwar nicht zum Nachschuß von Eigenkapital verpflichtet. Sei aber objektiv die Einbringung haftenden Kapitals geboten, dürfe er nicht auf die als weniger risikoreich erscheinende Fremdfinanzierung ausweichen. Der zweite und eigentliche Grund, der BGHZ **90**, 381 für das Verständnis des § 32a Abs. 3 Satz 2 GmbHG wichtig werden läßt, ist die Festlegung einer Beteiligungsschwelle für die Anwendbarkeit des Kapitalersatzes in der AG. An die Finanzierungsverantwortung eines Aktionärs seien „schärfere Anforderungen"[86] zu stellen als an die eines GmbH-Gesellschafters. Diese schärferen Anforderungen sieht das Gericht in der Unternehmerstellung des betroffenen Gesellschafters, die beim Aktionär im Regelfall erst ab einer Beteiligungshöhe von mehr als 25% angenommen werden könne[87]. Ein Aktienbesitz von mehr als 25% sichere die Sperrminorität gerade in Angelegenheiten, die für die Geschikke der Gesellschaft besonders wichtig seien und über die die Hauptversammlung mit qualifizierter Mehrheit zu beschließen habe. Allerdings stellte der BGH auch klar, daß diese Grenze nicht starr angewendet werden darf, sondern stets einer Einzelfallprüfung bedürfe. So könne eine Umqualifizierung auch bei einer Beteiligung von weniger als 25% in Betracht kommen, wenn sie dem Aktionär in Verbindung mit weiteren Umständen einen fortbestehenden Einfluß auf die Unternehmensleitung sichere und der Gesellschafter ein dementsprechendes unternehmerisches Interesse bekunde[88].

b) Übertragung auf die GmbH in der Gestalt des § 32a Abs. 3 Satz 2 GmbHG

28 Diese Erwägungen hat der Gesetzgeber für § 32a Abs. 3 Satz 2 GmbHG ausdrücklich übernommen[89]. Der nur geringfügig beteiligte Gesellschafter trage typischerweise keine mitunternehmerische Verantwortung, es fehle ihm regelmäßig an der Insiderstellung und er habe auch kaum Einflußmöglichkeiten auf die Gesellschaft. Lediglich eine klärende höchstrichterliche Rechtsprechung in diesem Sinne gebe es bislang nicht. Allerdings sei

85 BGH, Urteil vom 26.3.1984, BGHZ **90**, 381, 389.

86 BGH, Urteil vom 26.3.1984, BGHZ **90**, 381, 389.

87 BGH, Urteil vom 26.3.1984, BGHZ **90**, 381, 390 f.

88 BGH, Urteil vom 26.3.1984, BGHZ **90**, 381, 392.

89 Begründung RegE KapAEG, BT-Drucksache 13/7141, 12.

die Schwelle in der GmbH wegen der anderen Kompetenzverteilung und der deutlich stärkeren Stellung eines GmbH-Gesellschafters niedriger anzusetzen als in der AG. Die klarstellende Regelung des § 32a Abs. 3 Satz 2 GmbHG sei eine systemimmanente Regelung, die eine Deregulierung des Eigenkapitalersatzes bewirke.

2. Erleichterung der Kapitalaufnahme

Die zweite Erwägung, von der sich der Gesetzgeber beim Erlaß von § 32a 29
Abs. 3 Satz 2 GmbHG hat leiten lassen, war das Ziel, die Aufnahme von Risikokapital zu erleichtern[90]. Da als Kapitalgeber häufig Kapitalbeteiligungsgesellschaften in Frage kämen, die häufig die Töchter von Kreditinstituten seien, könne es bei gleichzeitigen Beteiligungen der Mutter- und der Tochtergesellschaft zu einer Zusammenrechnung nach § 32a Abs. 3 Satz 1 GmbHG kommen. Auch hier könne § 32a Abs. 3 Satz 2 GmbHG beim Erwerb nichtunternehmerischer Beteiligungen helfen und mehr Rechtssicherheit geben. Der Erwerb von Kleinbeteiligungen könne unter dem Gesichtspunkt der Risikostreuung sinnvoll sein. Die Entwicklung eines Sanierungsprivilegs wird ausdrücklich der Rechtsprechung überlassen, die hier differenzierter reagieren könne; mit dem nachfolgenden § 32a Abs. 3 Satz 3 GmbHG hat sich der Gesetzgeber aber letztlich selbst widerlegt[91].

3. Witwen- und Erbtantenprivileg

Gegenwärtig seien Kleinbeteiligungen an der GmbH zwar nicht die Regel, 30
würden aber im Rahmen des bevorstehenden Generationswechsels zunehmen. § 32a Abs. 3 Satz 2 GmbHG ergreife auch die Fälle, in denen Kleingesellschafter wie z. B. Erben, Kinder oder Witwen ihre Ausschüttungen stehengelassen oder Arbeitnehmer mit Mitarbeiterbeteiligungen ihre Vergütungsteile gestundet haben[92].

90 Begründung RegE KapAEG, BT-Drucksache 13/7141, 12.

91 Dazu *Seibert*, GmbHR **1998**, 309 f.

92 Begründung RegE KapAEG, BT-Drucksache 13/7141, 12.

II. Stellungnahme

31 Die Idee, Zwerganteile von einer Anwendung des Kapitalersatzes zu verschonen, ist nicht neu. Bis auf den Vorschlag von *Claussen*, der eine Freistellung von Beteiligungen bis 25% fordert[93], und *Lutter/Hommelhoff*, die schon vor dem Erlaß des § 32a Abs. 3 Satz 2 GmbHG für eine feste Grenze von weniger als 10% eingetreten waren[94] und auf die sich die Gesetzesbegründung zum KapAEG[95] deshalb nur fälschlicherweise stützen kann[96], unterscheiden sich die Vorschläge zur Privilegierung von Zwerganteilen allerdings von § 32a Abs. 3 Satz 2 GmbHG insofern ganz grundlegend, als jede feste Grenze einhellig abgelehnt wird, um die Umstände des Einzelfalls berücksichtigen zu können[97]. Bei der Frage, ob sich die Gründe als tragfähig erweisen, die zu § 32a Abs. 3 Satz 2 GmbHG geführt haben, müssen zwei Ebenen unterschieden werden. Die erste Ebene betrifft die Frage, ob der gesetzgeberische Wille, so wie er sich der Begründung zum Gesetzesentwurf entnehmen läßt, tatsächlich umgesetzt wurde. Die zweite und tiefere Ebene betrifft die Frage, ob sich der gesetzgeberische Wille, der sich hauptsächlich auf BGHZ **90**, 381 stützt, tatsächlich auf diese Entscheidung berufen kann.

93 *Claussen*, GmbHR **1996**, 316, 322.

94 *Lutter/Hommelhoff*, 14. Aufl., §§ 32a/b Rz. 56; zustimmend *Rümker*, ZGR **1988**, 494, 504 ff.

95 Begründung RegE KapAEG, BT-Drucksache 13/**7141**, 12.

96 *Hirte*, ZInsO **1998**, 147, 153, plädiert aus diesem Grund für eine teleologische Reduktion des § 32a Abs. 3 Satz 2 GmbHG auf Beteiligungen von weniger als 10%; dagegen zu Recht *Pentz*, GmbHR **1999**, 437, 442.

97 Mit Unterschieden im Detail KK-*Lutter*, § 57 Rz. 93; *Altmeppen*, ZIP **1993**, 1677, 1683; *Claussen*, AG **1985**, 173, 177; *Fleck*, FS für Werner, 107, 126; *Hirte*, RWS-Forum 10, 145, 170; *Hommelhoff*, WM **1984**, 1105, 1115 f.; *Immenga*, ZIP **1983**, 1405, 1410; *Karollus*, ZIP **1996**, 1893, 1894; *Menzel*, AG **1982**, 197, 203; *Rümker*, ZIP **1982**, 1385, 1391 ff.; unentschieden noch *Rümker*, FS für Stimpel, 673, 676; K. *Schmidt*, ZIP **1996**, 1586, 1588; K. *Schmidt*, ZHR **147** (1983), 165, 186 f.; K. *Schmidt*, ZIP **1981**, 689, 690; *Ullrich*, GmbHR **1983**, 133, 144 Anm. 116; *Werner*, mitgeteilt bei Harm Peter *Westermann*, ZIP **1982**, 379, 390; *Gersch/Herget/Marsch/Stützle*, GmbH-Reform 1980, Rz. 250; vgl. auch *Ulmer*, ZIP **1984**, 1163, 1167: Zwerganteil kann Anlaß zur besonders sorgfältigen Prüfung des eigenkapitalersetzenden Charakters des Darlehens geben; vgl. für die AG auch *Junker*, ZHR **156** (1992), 394, 398 f. m. w. N.

1. Umsetzung des gesetzgeberischen Willens in § 32a Abs. 3 Satz 2 GmbHG

Die Verwirklichung aller Ziele, die sich der Gesetzgeber gesteckt hat, hängt zunächst davon ab, ob sich die Gerichtspraxis dazu entschließt, § 32a Abs. 3 Satz 2 GmbHG auch auf die Rechtsprechungsregeln des BGH anzuwenden (vgl. Rz. 12). Sollte das nicht der Fall sein, wird die Bestimmung weitgehend leerlaufen, da die §§ 32a, 32b GmbHG, 6 AnfG, 135 InsO bekanntlich hinter dem Stand der Rechtsprechung zurückbleiben (Rz. 4). 32

a) Ausnahme für nichtunternehmerische Gesellschafter

Nach der Gesetzesbegründung sollen nichtunternehmerische GmbH-Beteiligungen dem Eigenkapitalersatzrecht entzogen werden (Rz. 28). Ob dieses Ziel mit § 32a Abs. 3 Satz 2 GmbHG tatsächlich erreicht wird, läßt sich aber bezweifeln. Zunächst kann sich gerade in der Darlehensvergabe an eine Gesellschaft in der Krise ein unternehmerisches Interesse des Gesellschafters wiederspiegeln, das über das normale Maß hinausgeht[98]. Aber auch schon der Gedanke als solcher, das Maß des Einflusses eines Gesellschafters durch einen wie auch immer gearteten Maßstab abstrakt messen zu wollen, kann den tatsächlichen Gegebenheiten nicht gerecht werden. Stets hängt der Einfluß des einzelnen Gesellschafters von den Umständen des Einzelfalls ab, z. B. von der Ausgestaltung der Mitwirkungsrechte durch die (abänderbare) Satzung oder vom Abstimmungsverhalten zu einem bestimmten Tagesordnungspunkt, das gerade den kleinbeteiligten Gesellschafter zum „Zünglein an der Waage“[99] werden lassen kann. In kleinen Familiengesellschaften können sich persönliche Gesichtspunkte oder besonderes Fachwissen auf den Willensbildungsprozeß auswirken, ohne daß es auf die Beteiligungshöhe ankäme. Einfluß vermittelt sich in hohem Maße auch über wirtschaftliche Macht[100], so daß der gut betuchte Gesellschafter mehr Einfluß haben kann als ein weniger vermögender Mitgesellschafter. Die Machtverhältnisse können sich auch 33

98 *Dauner-Lieb*, DStR **1998**, 609, 615; *Immenga*, ZIP **1983**, 1405; Harm Peter *Westermann*, DZWIR **2000**, 1, 3; Harm Peter *Westermann*, ZIP **1982**, 379, 390.

99 *Dauner-Lieb*, DStR **1998**, 609, 613.

100 *Haas*, Geschäftsführerhaftung, 62; zur wirtschaftlichen Abhängigkeit bei Banken als Kreditgeber und Gesellschafter Harm Peter *Westermann*, ZIP **1982**, 379, 383 ff.

durch die Vergabe von Hilfen ändern, wenn sie im Wege sog. financial convenants[101] von der Gewährung von Mitsprache- und Kontrollrechten abhängig gemacht werden, abgesehen davon, daß ein helfender Gesellschafter schon psychologisch gesehen ein Übergewicht über tatenlos zusehende Mitgesellschafter erlangen kann[102]; *v. Gerkan* hat kritisiert, daß in der Praxis die Finanzierung durch Eigenkapital weitgehend der durch Fremdkapital gewichen ist, so daß schon ganz grundsätzlich am falschen Punkt angesetzt werde[103]. Was die konkrete Beteiligungshöhe von 10% des Stammkapitals selbst angeht, ist festzustellen, daß jeder Gesellschafter, der nicht mit mehr als 50% beteiligt ist, keinen zwingenden Einfluß auf den Geschäftsführer hat[104], während jeder Gesellschafter mit einem Anteilsbesitz von 10%, der unter das Privileg des § 32a Abs. 3 Satz 2 GmbHG fällt, gem. § 50 Abs. 1 GmbHG die Einberufung der Gesellschafterversammlung verlangen und gegen die Gesellschaft auf Auflösung klagen kann (§ 61 Abs. 2 GmbHG). Die Beteiligungshöhe ist deshalb kein geeigneter Maßstab für den unternehmerischen Einfluß eines Gesellschafters[105] und die Grenzziehung des § 32a Abs. 3 Satz 2 GmbHG bei 10% des Stammkapitals zu Recht als schematisch und willkürlich kritisiert worden[106].

b) Erleichterung der Kapitalaufnahme

34 Das Ziel, mit Hilfe des § 32a Abs. 3 Satz 2 GmbHG in der Krise der Gesellschaft für diese verstärkt Fremdkapital zu beschaffen (Rz. 29), wird nicht nur in Hinblick auf die für Unternehmensbeteiligungsgesellschaften

101 Dazu *Fleischer*, ZIP **1998**, 313 ff.

102 *Pentz*, GmbHR **1999**, 437, 441.

103 *V. Gerkan*, GmbHR **1997**, 677; *v. Gerkan*, ZGR **1997**, 173, 179.

104 *Altmeppen*, ZIP **1996**, 1455.

105 *Altmeppen*, ZIP **1996**, 1455; *Dauner-Lieb*, DStR **1998**, 609, 613; *Fleck*, FS für Werner, 107, 122 f.; *v. Gerkan*, GmbHR **1997**, 677, 678; *Haas*, DZWIR **1999**, 177, 178 f.; *Hirte*, ZInsO **1998**, 147, 152; K. *Schmidt*, ZIP **1996**, 1586, 1588; *Veil*, ZGR **2000**, 223, 229 f.; *Haas*, Geschäftsführerhaftung, 62 f.; vgl. auch Harm Peter *Westermann*, DZWIR **2000**, 1, 3; a. A. *Obermüller*, ZInsO **1998**, 51, 52; für teleologische Reduktion des § 32a Abs. 3 Satz 2 GmbHG *Pentz*, GmbHR **1999**, 437, 439, 446 f.; wohl auch *Haas*, DZWIR **1999**, 177, 179; dagegen *Dauner-Lieb*, DStR **1998**, 609, 616; *Heckschen*, RWS-Forum 15, 129, 144 f.; K. *Schmidt*, GmbHR **1999**, 1269, 1270.

106 *Dauner-Lieb*, DStR **1998**, 609, 613; *Hirte*, ZInsO **1998**, 147, 153; *Karollus*, ZIP **1996**, 1893, 1894; K. *Schmidt*, ZIP **1996**, 1586, 1588.

geltende Sonderregelung[107] (Rz. 126 ff.) als unrealistisch bewertet[108]. In theoretischer Hinsicht wird auf den Widerspruch zur Finanzierungslehre hingewiesen, derzufolge die zusätzliche Aufnahme von Fremdkapital von einer vorherigen Erhöhung des Eigenkapitals abhängig ist[109]; es sei nicht nachvollziehbar, wie die Aufnahme von Fremdkapital zu einer besseren Eigenkapitalausstattung führen soll[110]. Zusätzlich werden die negativen Folgen der Neuregelung kritisiert, nämlich die Schmälerung der Insolvenzmasse von Schuldnergesellschaften, die vermehrt zum Zusammenbruch ihrer Gläubiger führen werde, d. h. vor allem von mittelständischen Unternehmen, die nicht die Möglichkeit haben, sich hinreichend abzusichern[111]; dieses Problem war durchaus gesehen worden[112].

c) Witwen- und Erbtantenprivileg

Auch hier werden Zweifel angemeldet, allerdings nicht hinsichtlich des Vorhabens als solchem, sondern hinsichtlich des Wegs, der mit § 32a Abs. 3 Satz 2 GmbHG beschritten wurde. Erforderliche Korrekturen bei diesem Personenkreis aus Gründen der Billigkeit seien durch höhere Anforderungen an das „Stehenlassen" von Krediten möglich, ohne daß es einer Gesetzesänderung bedürfe[113]. Kritisiert wurde auch, daß das Witwen- und Erbtantenprivleg nur auf natürliche Personen paßt[114], § 32a 35

107 Harm Peter *Westermann*, DZWIR **2000**, 1, 4.

108 *Karollus*, ZIP **1996**, 1893; *Pape/Voigt*, DB **1996**, 2113, 2116; *Pentz*, GmbHR **1999**, 437, 441; *Pentz*, BB **1997**, 1265, 1269.

109 *Hirte*, ZInsO **1998**, 147, 152; *Hirte*, RWS-Forum 10, 145, 156.

110 *Pape/Voigt*, DB **1996**, 2113, 2118 Anm. 26; K. *Schmidt*, ZIP **1996**, 1586, 1588.

111 *V. Gerkan*, GmbHR **1997**, 677, 679; *Goette*, ZHR **162** (1998), 223; *Goette*, DStR **1997**, 2027, 2029; vgl. auch *Dauner-Lieb*, DStR **1998**, 609, 613; *Goette*, ZHR **162** (1998), 223, 230; *Habersack*, ZHR **162** (1998), 201, 210; *Hirte*, ZInsO **1998**, 147, 152; *Hirte*, RWS-Forum 10, 145, 157 f.; *Karollus*, ZIP **1996**, 1893; *Pape/Voigt*, DB **1996**, 2113, 2115, 2116; *Pentz*, GmbHR **1999**, 437, 441; *Pentz*, BB **1997**, 1265, 1268; nach Ansicht von *v. Gerkan*, GmbHR **1997**, 677, 678 f., ist die eigentliche Zielrichtung des § 32a Abs. 3 Satz 2 GmbHG die Privilegierung der gewerblichen Kreditwirtschaft.

112 *Seibert*, GmbHR **1998**, 309; *Seibert*, DStR **1997**, 35, 36.

113 *Dauner-Lieb*, DStR **1998**, 609, 615; *Goette*, ZHR **162** (1998), 223, 227; *Goette*, DStR **1997**, 2027, 2030; *Habersack*, ZHR **162** (1998), 201, 210; kritisch Harm Peter *Westermann*, DZWIR **2000**, 1, 3.

114 *V. Gerkan*, GmbHR **1997**, 677, 678; *Haas*, DZWIR **1999**, 177, 179.

Abs. 3 Satz 2 GmbHG aber nicht zwischen natürlichen Personen und Gesellschaften differenziert.

d) Ergebnis

36 Mißt man die gesetzgeberischen Ziele am Ergebnis des Gesetzgebungsverfahrens in Form des § 32a Abs. 3 Satz 2 GmbHG, ergibt sich, daß das Kleinbeteiligtenprivileg nicht das Leistungsvermögen hat, das ihr der Gesetzgeber zugedacht hat.

2. Vereinbarkeit des gesetzgeberischen Willens mit BGHZ **90**, 381

37 Darüber hinaus ist bereits die Prämisse des Gesetzgebers unzutreffend, die Beteiligungsschwelle in der AG ließe sich auf die GmbH übertragen.

a) Sperrminorität

38 In Hinblick auf die Entscheidung BGHZ **90**, 381, die grundsätzlich von einer Beteiligungsgrenze von 25% ausgeht, stellt sich zunächst die naheliegende Frage, warum die Grenze in der GmbH bei 10% liegen soll. Der BGH hatte den Sinn der Grenze von 25% klargestellt. Die Behandlung eines Gesellschafterdarlehens als Eigenkapital beruhe nicht auf dem Vorwurf, der Gesellschafter habe keine Kapitalerhöhung durchgesetzt oder sich zumindest darum bemüht[115]; entscheidend sei, daß die Sperrminorität zwar keine positive, aber immerhin eine negative Gestaltungsmacht in Angelegenheiten vermittle, die für die Gesellschaft besonders wichtig sind[116]. In der GmbH liegt es aber nicht anders; auch hier beginnt die Sperrminorität erst ab einer Beteiligung von mehr als 25% (§ 53 Abs. 2 GmbHG). Der nur ganz allgemein gehaltene Hinweis der Gesetzesbegründung auf die andere Kompetenzverteilung in der GmbH[117] überzeugt deshalb nicht. Nicht nur der Bundesrat hatte in seiner Stellungnahme[118] zum Gesetzesentwurf des KapAEG eine Gleichbehandlung mit der AG gefordert[119]. Dies wurde von der Bundesregierung abgelehnt[120]; es wurde

115 BGH, Urteil vom 26.3.1984, BGHZ **90**, 381, 390.

116 BGH, Urteil vom 26.3.1984, BGHZ **90**, 381, 391.

117 Begründung RegE KapAEG, BT-Drucksache 13/**7141**, 12.

118 Begründung RegE KapAEG, BT-Drucksache 13/**7141**, 13.

119 Ebenso *Claussen*, GmbHR **1996**, 316, 322 f.

eine Aushöhlung des Eigenkapitalersatzrechts befürchtet, verbunden mit steigender Rechtsunsicherheit wegen der dann von der Rechtsprechung möglicherweise verstärkt zu Rate gezogenen Durchgriffshaftung[121].

b) Flexible Grenze

Zweitens hatte der BGH klargestellt, daß die Grenze von 25% nicht statisch angewendet, sondern im Einzelfall auch unterschritten werden darf, wenn der Aktionär dafür einen entsprechend höheren Einfluß auf die Unternehmensleitung und ein dementsprechendes unternehmerisches Interesse hat (Rz. 27)[122]; ein ganz grober Irrtum ist es deswegen, wenn der Gesetzgeber annimmt, die Schwelle von 25% gewähre Rechtssicherheit[123]. Der eindeutige Wortlaut des § 32a Abs. 3 Satz 2 GmbHG läßt dagegen eine Einzelfallprüfung nicht zu[124]. **39**

c) Die entscheidende Aussage von BGHZ **90**, 381

Am schwersten wiegt aber, daß sich die entscheidende Aussage von BGHZ **90**, 381 nicht auf die GmbH übertragen läßt. Der BGH führt das Kapitalersatzrecht auf den Begriff der Finanzierungsverantwortung des Gesellschafters für die in der Krise befindliche Gesellschaft zurück. Gemessen an den bis zu diesem Zeitpunkt ergangenen Entscheidungen[125], die sich auf ein ganzes Gemisch von Erwägungen[126] gestützt hatten **40**

120 Begründung RegE KapAEG, BT-Drucksache 13/**7141**, 14.

121 Vgl. auch *Goette*, ZHR **162** (1998), 223, 230; *Hirte*, ZInsO **1998**, 147, 154; *Seibert*, GmbHR **1998**, 309; *Seibert*, DStR **1997**, 35, 36.

122 Vgl. *Dauner-Lieb*, DStR **1998**, 609, 612; *Habersack*, ZHR **162** (1998), 201, 209; *Hirte*, ZInsO **1998**, 147, 148; *Hirte*, RWS-Forum 10, 145, 164; *Karollus*, ZIP **1996**, 1893, 1895; K. *Schmidt*, RWS-Forum 14, 287, 300; K. *Schmidt*, ZIP **1996**, 1586, 1588; Harm Peter *Westermann*, DZWIR **2000**, 1, 3.

123 Begründung RegE KapAEG, BT-Drucksache 13/**7141**, 12.

124 Vgl. auch K. *Schmidt*, ZIP **1996**, 1586, 1588: die Beschränkung des § 32a GmbHG ist gegenüber BGHZ **90**, 381 ein aliud und nicht bloß eine GmbH-spezifische Modifikation.

125 BGH, Urteil vom 14.12.1959, BGHZ **31**, 258, 268 ff.; BGH, Urteil vom 29.11.1971, WM **1972**, 74, 75; BGH, Urteil vom 27.9.1976, BGHZ **67**, 171, 175; BGH, Urteil vom 26.11.1979, BGHZ **75**, 334, 336 f.; BGH, Urteil vom 24.3.1980, BGHZ **76**, 326, 329; BGH, Urteil vom 21.9.1981, BGHZ **81**, 311, 314 f.

126 Vgl. *Kübler*, FS für Stimpel, 3, 5; *Hommelhoff*, Handbuch, Rz. 2.20.

(Rz. 55 f.), war diese Begründung neu, wurde aber im Schrifttum positiv aufgenommen. Allerdings entstand in der Folgezeit ein Streit über die Bedeutung der unternehmerischen Stellung des Gesellschafters, die zur Beteiligungsschwelle von mehr als 25% in der AG geführt hatte. Die ganz überwiegende Meinung deutete die Finanzierungsverantwortung lediglich als Einschränkung der auch in der Unternehmenskrise bestehenden Finanzierungsfreiheit des Gesellschafters[127]; nicht das „Ob", sondern nur das „Wie" der Weiterfinanzierung schränke die Finanzierungsverantwortung ein[128], erfasse aber jeden Gesellschafter[129]. Die Gegenstimmen lehnten es ab, das Merkmal der unternehmerischen Beteiligung als aktienrechtliche Besonderheit zu behandeln und forderten mit Unterschieden im Detail auch für den GmbH-Gesellschafter eine unternehmerische Beteiligung, um ihn in die Finanzierungsverantwortung nehmen zu können[130]. Der Grund für diesen Streit liegt in der Tatsache, daß BGHZ **90**, 381 über den Sonderfall eines eigenkapitalersetzenden Aktionärsdarlehen zu entscheiden hatte, sich in Hinblick auf die GmbH aber nicht ausdrücklich äußerte[131].

41 Es kann aber kein Zweifel daran bestehen, daß nach der Vorstellung des BGH die Beteiligungsschwelle nur für den Aktionär gelten sollte. Das ergibt sich aus der entscheidenden Erwägung des BGH, die der Grenzziehung bei 25% vorgelagert war: Bei einer Publikums-AG leuchte es ohne weiteres ein, daß ein Kreditgeber nicht allein deshalb unter den Eigenkapitalersatz fallen könne, weil er „mehr oder weniger zufällig auch

[127] Z. B. *Erlinghagen*, FS für Kaufmann, 139, 141; *Hommelhoff*, Handbuch, Rz. 2.8, 2.14.

[128] *Baumbach/Hueck*, § 32a Rz. 3; *Bäcker*, ZIP **1989**, 681, 684; *Fleck*, FS für Werner, 107, 109 f.; *Hommelhoff/Kleindiek*, FS 100 Jahre GmbHG, 421, 430; *Lutter*, ZIP **1989**, 477, 478; K. *Schmidt*, ZHR **147** (1983), 165, 176; *Ulmer*, ZIP **1984**, 1163, 1166; *Ulmer*, FS für Duden, 661, 674; *Haas*, Geschäftsführerhaftung, 64; *Hommelhoff*, Handbuch, Rz. 2.15, 2.17.

[129] *Baumbach/Hueck*, § 32a Rz. 16 ff.; Hachenburg/*Ulmer*, § 32a, b Rz. 37; HK-Bartl, §§ 32a, 32b Rz. 4; *Roth/Altmeppen*, § 32a Rz. 6; Rowedder/*Rowedder*, § 32a Rz. 13; Scholz/K. *Schmidt*, §§ 32a, 32b Rz. 32; *Dauner-Lieb*, DStR **1998**, 609, 613; *Habersack*, ZHR **162** (1998), 201, 203, 209; *Pentz*, GmbHR **1999**, 437, 439; *Pentz*, BB **1997**, 1265, 1266; *Priester*, FS für Helmrich, 721, 731; Münchener Handbuch Band III/*Rümker*, § 53 Rz. 30.

[130] Vgl. die Anm. 97 Genannten.

[131] Vgl. *Claussen*, AG **1985**, 173, 176.

einige Aktien des Schuldnerunternehmens"[132] besitzt. Ausdrücklich sollte der Aktionär ausgenommen werden, der die Aktien nur zu Anlagezwecke über die Börse erworben hat. Der unternehmerisch beteiligte Gesellschafter ist also in Abgrenzung zum bloßen Anleger zu sehen[133], der sich in erster Linie nicht für das Unternehmen als solches, sondern nur für den Wert der Aktien interessiert[134]. Dahinter steht anscheinend die Vorstellung, daß derjenige, der die Mitgliedschaft nur als veräußerliches Wirtschaftsgut betrachtet, lediglich formelles Mitglied ist und nicht die Nachteile soll tragen müssen, die der Eigenkapitalersatz mit sich bringt. Die sich an diesen Ausgangspunkt anschließende Frage muß lauten, wie der Anlegertyp vom Unternehmertyp unterschieden werden kann, denn das nur an seiner Anlage interessierte Mitglied der Gesellschaft unterscheidet sich vom unternehmerisch tätigen Gesellschafter in erster Linie nur durch die unterschiedliche Motivation, auf der die Beteiligung basiert. Der Anleger ist an der Wertsteigerung seines Anteils als Wertpapier interessiert, die er durch Veräußerung realisieren kann. Seine Mitgliedschaft beschränkt sich auf das Halten der Anteile, bloßes Zuwarten und Beobachten der Börsenkurse. Von dem Einfluß, die ihm seine Beteiligung vermitteln mag, wird er gar keinen Gebrauch machen[135]. Der Unternehmertyp dagegen ist um die Geschicke der Gesellschaft bemüht und nimmt zu diesem Zweck seine mitgliedschaftlichen Rechte nach Kräften wahr. Diese unterschiedlichen Beweggründe für eine Beteiligung an einer Gesellschaft mußten für die Unterscheidung zwischen Anleger- und Unternehmergesellschafter objektiv faßbar gemacht werden. Da der Anleger typischerweise nur kleine Beteiligungen besitzt, um das Verlustrisiko gering zu halten und weil große Aktienpakete als Ganzes auf dem freien Markt überhaupt nicht erhältlich sind, war es sinnvoll, die Beteiligungshöhe als Anknüpfungspunkt zu wählen. Die konkrete Grenzziehung bei 25%, von der im Einzelfall auch abgewichen werden kann (Rz. 27), orientiert sich an der Sperrminorität, die bei den Entscheidungen über bedeutende Angelegenheiten der Gesellschaft die Möglichkeit zur Ausübung negativer Macht garantiert; ab einer Beteiligung in dieser Höhe wird rein objektiv - also unabhängig vom tatsächlichen Verhalten des Gesellschafters und seinen Interessen - davon ausgegangen, daß der Anlegerbereich verlassen worden

132 BGH, Urteil vom 26.3.1984, BGHZ **90**, 381, 389.

133 Zutreffend *Priester*, FS für Helmrich, 721, 731.

134 *Kamprad*, GmbHR **1984**, 339, 342.

135 Vgl. *Kamprad*, GmbHR **1984**, 339, 343.

ist. Mit dem Maß der Beteiligungshöhe wurde ein bewußt unvollkommenes Mittel gewählt, um der gedanklichen Unterscheidung zwischen Gesellschaftern, die sich unternehmerisch betätigen wollen, und Gesellschaftern, die die Mitgliedschaft nur als veräußerliches Gut erworben haben, in typisierender Weise Ausdruck verleihen zu können.

42 Dieser Gedankengang läßt sich nicht auf die GmbH übertragen[136], weil er den freien Handel[137] mit der Mitgliedschaft als Kapitalanlage und damit einen entsprechenden Markt voraussetzt, wie z. B. die Börse für Aktien[138]. Da diese Möglichkeit bei GmbH-Geschäftsanteilen nicht besteht, läßt sich daraus nur der Umkehrschluß ziehen, daß in der GmbH die unternehmerische Beteiligung bereits in der Gesellschafterstellung als solcher liegt; die GmbH ist typischerweise personalistisch ausgestaltet und die Beteiligungsmotive unter GmbH-Gesellschaftern weisen nicht die Vielfalt auf, wie sie in der AG vorkommen können[139]. Nicht nur das hat der BGH im Ergebnis später ausdrücklich so bestätigt[140], sondern darüber hinaus auch den Nur-Kommanditisten in die volle Finanzierungsverantwortung genommen (Rz. 9), dem sowohl die Befugnis zur Vertretung (§ 170 HGB) als auch zur Geschäftsführung (§ 164 HGB) fehlt, der nur an außergewöhnlichen Geschäften i. S. d. §§ 164, 116 Abs. 2 HGB und an Grundlagengeschäften beteiligt werden muß und dem lediglich die Rechte des § 166 HGB zustehen. Nach dem Willen des BGH sollte die Anwendung des Kapitalersatzes also weder von der Beteiligungshöhe noch vom Einflußpotential des helfenden Gesellschafters abhängig sein. Die Definition der Finanzierungsverantwortung in der Gesetzesbegründung zu § 32a

136 Ebenso *Dauner-Lieb*, DStR **1998**, 609, 612; vgl. auch Scholz/K. *Schmidt*, §§ 32a, 32b Rz. 179; *Pape/Voigt*, DB **1996**, 2113, 2115; Harm Peter *Westermann*, DZWIR **2000**, 1, 3; **a. A.** *Claussen*, AG **1985**, 173, 176.

137 Vgl. BGH, Urteil vom 26.3.1984, BGHZ **90**, 381, 388.

138 Unterscheidung zwischen geschlossener und kapitalistischer AG bei *Claussen*, GmbHR **1996**, 316, 318; *Hirte*, RWS-Forum 10, 145, 163; *Veil*, ZGR **2000**, 223, 241 ff.; Unterscheidung zwischen unternehmerischer und kapitalistischer Beteiligung ohne Rücksicht auf die freie Erwerbs- und Veräußerungsmöglichkeit am Markt z. B. bei KK-*Lutter*, § 57 Rz. 93; *Habersack*, ZHR **162** (1998), 201, 221; *Hirte*, RWS-Forum 10, 145, 170; *Hommelhoff*, WM **1984**, 1105, 1115 f.; *Junker*, ZHR **156** (1992), 394, 403 ff.; *Rümker*, ZIP **1982**, 1385, 1393; *Rümker*, FS für Stimpel, 673, 675; K. *Schmidt*, ZHR **147** (1983), 165, 186; Harm Peter *Westermann*, ZIP **1982**, 379, 388; *Kamm*, Gesellschafterdarlehen, 145; vgl. auch *Junker*, ZHR **156** (1992), 394, 403 m. w. N.

139 *Veil*, ZGR **2000**, 223, 236.

140 BGH, Urteil vom 19.9.1988, BGHZ **105**, 168, 175.

Abs. 3 Satz 2 GmbHG als mitunternehmerische Verantwortung weicht damit von der Finanzierungsverantwortung in der Version des BGH ganz erheblich ab[141]. Eine zu diesem Punkt klärende höchstrichtliche Rechtsprechung zu vermissen (Rz. 28), bedeutet einem grobem Mißverständnis zu unterliegen.

III. Ergebnis

Eine schlüssige subjektive ratio legis kann § 32a Abs. 3 Satz 2 GmbHG nicht bescheinigt werden. Die Vorschrift setzt schon die Ziele des Gesetzgebers nicht um (Rz. 36). Darüber hinaus beruht der ihr zugrundeliegende Gesetzgeberwille auf einer falschen Interpretation von BGHZ **90**, 381. Die Regelung ist zwar Gesetz geworden, nach den bisher gültigen Maßstäben in der Sache selbst aber nicht gerechtfertigt[142] und hat so gesehen nicht den klarstellenden Charakter, den ihr der Gesetzgeber beilegt[143]. Die verunglückte Vorschrift erklärt sich allein aus dem politischen[144] Bestreben, den Anwendungsbereich des Eigenkapitalersatzes mit einer klar definierten, Rechtssicherheit bietenden Grenze einzuschränken. Für die Anwendung des § 32a Abs. 3 Satz 2 GmbHG auf die GmbH & Co. läßt sich der Gesetzesbegründung damit nichts entnehmen. **43**

141 *Dauner-Lieb*, DStR **1998**, 609, 613; *Goette*, ZHR **162** (1998), 223, 227; *Goette*, DStR **1997**, 2027, 2029; *Habersack*, ZHR **162** (1998), 201, 209; *Pentz*, GmbHR **1999**, 437, 439; *Pentz*, BB **1997**, 1265, 1266; K. *Schmidt*, ZIP **1996**, 1586, 1587.

142 *Dauner-Lieb*, DStR **1998**, 609, 615; *Habersack*, ZHR **162** (1998), 201, 209; *Pentz*, GmbHR **1999**, 437, 439; *Pentz*, BB **1997**, 1265, 1268; K. *Schmidt*, ZIP **1996**, 1586, 1589.

143 *Dauner-Lieb*, DStR **1998**, 609, 613; *Goette*, ZHR **162** (1998), 223, 227 f.; *Habersack*, ZHR **162** (1998), 201, 208; *Heckschen*, RWS-Forum 15, 129, 132 f.; *Pentz*, BB **1997**, 1265, 1268; K. *Schmidt*, RWS-Forum 14, 287, 300; K. *Schmidt*, ZIP **1996**, 1586, 1588; *Pentz*, GmbHR **1999**, 437, 439: keine Klarstellung, aber auch nicht das dogmatische System beeinflussend; widersprüchlich *Seibert*, DStR **1997**, 35, 36, der die Neuregelung einerseits als nur systemimmanente klarstellende Korrektur bezeichnet, auf der anderen Seite aber davon ausgeht, daß sie auch zum theoretischen Fundament des Eigenkapitalersatzrechts Stellung nimmt; vgl. auch *Haas*, DZWIR **1999**, 177, 178 f.

144 *Pentz*, GmbHR **1999**, 437, 439; *Veil*, ZGR **2000**, 223, 235.

IV. Folgerungen

44 Der Ausgangspunkt lautet, daß es für die Anwendung des § 32a Abs. 3 Satz 2 GmbHG auf die GmbH & Co. i. S. d. §§ 129a, 172a HGB auf dessen ratio legis ankommt (Rz. 22). Die Möglichkeit, diese ratio zu ermitteln, indem auf den Gesetzgeberwillen abgestellt wird, schlägt fehl. Der gesetzgeberische Wille ist für die Auslegung einer Vorschrift aber nicht bindend[145]. Hält der Rechtsanwender die Erwägungen des Gesetzgeber für verfehlt oder unergiebig, braucht er sie auch nicht für Analogiezwecke zu übernehmen. Führt die subjektive ratio legis nicht weiter, muß versucht werden, eine ratio legis auf objektiver Ebene zu finden. Dies kann nur unter Berücksichtung der ratio der Figur des Eigenkapitalersatzes insgesamt geschehen; die Auslegung einer Ausnahme muß den Grundgedanken berücksichtigen, von dem abgewichen werden soll[146], damit sie systemgerecht integriert werden kann. Die ratio legis des § 32a Abs. 3 Satz 2 GmbHG muß also vor dem Hintergrund der ratio des Kapitalersatzes, die ihm Rechtsprechung und Gesetzgeber beilegen (§ 4), der ratio des Kapitalersatzes, die sich aus seinen tatsächlichen Wirkungen ergibt (§ 5) und schließlich vor dem Hintergrund der anderen Ausnahmetatbestände (§ 6) untersucht werden.

145 *Karollus*, ZIP **1996**, 1893, 1895; *Veil*, ZGR **2000**, 223, 247.

146 Vgl. *Altmeppen*, ZIP **1996**, 1455; *Grunewald*, GmbHR **1997**, 7, 9; *Karollus*, ZIP **1996**, 1893, 1894.

§ 4 Die ratio des Eigenkapitalersatzrechts nach Rechtsprechung und Gesetzgebung

I. Zum Verhältnis zwischen ratio und gesetzlicher Grundlage

Der Eigenkapitalersatz hat seit der GmbH-Novelle von 1980 eine gesetzliche Grundlage gefunden. Trotzdem hat sich die Frage nach seiner ratio dadurch nicht erledigt[147]; der bloße Wortlaut einer Vorschrift muß von ihrem sachlichen Gehalt unterschieden werden, und das gilt ganz besonders für die Vorschriften der GmbH-Novelle von 1980. Erstens beinhalten sie nur die Konsequenz der Umqualifikation von Gesellschafterhilfen in der Krise[148], sagen über die zugrundeliegende Wertung aber nichts aus. Die Novelle wollte der bisherigen Rechtsprechung lediglich eine ausdrückliche gesetzliche Rechtsgrundlage unterschieben[149]; *Lutter* sprach sogar davon, die Aussagen der §§ 32a, 32b GmbHG seien „weitgehend deklaratorisch und nicht (mehr) innovatorisch"[150]. Zweitens bleibt der Anwendungsbereich der Vorschriften der GmbH-Novelle teilweise hinter dem der Rechtsprechungsregeln des BGH zurück (Rz. 4)[151]. Schließlich ergibt sich aus den beiden Entscheidungen von demselben Tag, in denen der BGH zum Verhältnis seiner eigenen Regeln zum neuen Gesetzesrecht 45

147 *Reiner*, FS für Boujong, 415, 420.

148 *Noack*, FS für Claussen, 307, 310; K. *Schmidt*, ZIP **1995**, 969, 971.

149 Begründung RegE GmbH-Novelle, BT-Drucksache 8/**1347**, 39; *Fleck*, FS für Werner, 107, 115; *Ulmer*, ZIP **1984**, 1163, 1166; *Ulmer*, FS für Duden, 661, 674; *Vonnemann*, GmbHR **1989**, 145, 146; *Wüst*, JZ **1985**, 817, 821; vgl. auch *Ullrich*, GmbHR **1983**, 133, 141.

150 *Lutter*, DB **1980**, 1317, 1321.

151 *Reiner*, FS für Boujong, 415, 421.

der §§ 32a, 32b GmbHG[152] und zu eigenkapitalersetzenden Darlehen in der AG Stellung nahm[153], daß er seine Rechtsprechung gerade nicht im Wege einer Gesetzes- oder Rechtsanalogie aus den §§ 32a, 32b GmbHG abgeleitet sieht, sondern als Ausdruck eines allgemeinen Rechtsgrundsatzes versteht[154]. Die Frage nach der ratio des Eigenkapitalersatzes kann also nach wie vor gestellt werden und sie zu ermitteln bedeutet auch, nach der ratio der Rechtsprechung des BGH zu den eigenkapitalersetzenden Darlehen zu fragen.

II. Entwicklung des Eigenkapitalersatzrechts in seiner Begründung

46 Die Geschichte des Eigenkapitalersatzrechts hat seinen Ursprung in der Praxis der Unternehmensfinanzierung. Der Nachschuß, der vom Gesetzgeber eigentlich als Instrument zur Deckung eines erhöhten Kapitalbedarfs vorgesehen war, hat sich als unpraktikabel erwiesen[155], weil er in der Satzung vorgesehen sein muß (§ 26 Abs. 1 GmbHG); unter den Voraussetzungen des § 30 Abs. 2 GmbHG kann er sogar zurückgezahlt werden. So wurde der Nachschuß in der Rechtswirklichkeit nicht nur vom Gesellschafterdarlehen verdrängt, es wurde sogar seine ersatzlose Streichung erwogen[156]. Als Phänomen der Praxis der Unternehmensfinanzierung mußten sich die Gerichte schon vor dem Gesetzgeber mit der Frage beschäftigen, ob Gesellschafterdarlehen in der Krise einer besonderen Behandlung bedürfen. Rechtsentwicklung als Reaktion auf Einfälle der Kautelarjurisprudenz ist im Gesellschaftsrecht eine typische Erscheinung.

152 BGH, Urteil vom 26.3.1984, BGHZ **90**, 370.

153 BGH, Urteil vom 26.3.1984, BGHZ **90**, 381.

154 *Claussen*, AG **1985**, 173, 175.

155 *Hommelhoff/Kleindiek*, FS 100 Jahre GmbHG, 421, 423; *Koppensteiner*, AG **1998**, 308; *Lutter*, FS für Riesenfeld, 165, 180; *Mayer*, BB **1990**, 1935.

156 *Hommelhoff/Kleindiek*, FS 100 Jahre GmbHG, 421, 424 f.

1. Rechtsprechung

a) RG

Das RG hatte nur vereinzelt die Gelegenheit, zu Gesellschafterdarlehen in der Krise Stellung zu nehmen, ohne ein geschlossenes System entwickeln zu können[157]. 47

aa) RG JW **1938**, 862[158]

Die „Chemische Industrie-GmbH" mit einem Gesellschafter-Geschäftsführer und dessen Schwager als Strohmann-Gesellschafter war in Konkurs gegangen. Der Geschäftsführer und nunmehrige Kläger hatte verschiedene Forderungen, darunter auch solche aus Darlehen, zur Konkurstabelle angemeldet. Dagegen hatte sich der Konkursverwalter als Beklagter gewehrt. Die Revision gegen das abweisende Urteil des Berufungsgerichts hatte keinen Erfolg. 48

Das RG konnte sich in tatsächlicher Hinsicht auf die Feststellungen des Berufungsgerichts stützen, die in einem Strafverfahren gegen den Strohmann getroffen worden waren. In Wirklichkeit sei es nicht um die Gesellschaft selbst, sondern darum gegangen, durch Gründung der GmbH eine Haftungsbeschränkung herbeizuführen. Die Gesellschaft sei absichtlich mit einem viel zu niedrigen Stammkapital ausgestattet und der Plan verfolgt worden, darüber hinaus benötigtes Kapital als Darlehen zur Verfügung zu stellen, um im Falle eines als möglich vorgestellten Mißerfolgs des Unternehmens den persönlichen Verlust auf Kosten der anderen Gläubiger zu minimieren[159]. 49

In rechtlicher Hinsicht stützte sich das Gericht auf die Einrede der Arglist, die ihre Grundlage in § 826 BGB finde[160]. Es läge der Tatbestand einer nach Beweggrund, Inhalt und Ziel mit gesundem Volksempfinden 50

157 Eine Darstellung der Rspr. des RG zur Problematik der Gesellschafterdarlehen in den Jahren 1937-1941 findet sich bei *Kamm*, Gesellschafterdarlehen, 65 ff., allerdings unter dem Gesichtspunkt des Haftungsdurchgriffs.

158 RG, Urteil vom 16.11.1937.

159 RG, Urteil vom 16.11.1937, JW **1938**, 862, 864.

160 RG, Urteil vom 16.11.1937, JW **1938**, 862, 864.

unvereinbare, auf bewußte Schädigung anderer gerichtete Handlungsweise vor. Ausdrücklich als nicht tragend für die Entscheidung wurde der Umstand angesehen, daß die Wahl der Rechtsform der GmbH einen Rechtsmißbrauch dargestellt habe. Die Frage nach einer Durchgriffshaftung stelle sich deshalb nicht. Vielmehr habe dieser Umstand erst die Möglichkeit eröffnet, daß der Kläger als Gläubiger des eigenen Unternehmens auftreten konnte. Dieser Umstand habe geradezu die Grundlage des auf Schädigung der Gläubiger gerichteten Planes gebildet[161]. Der Anmeldung der Forderungen stünde deswegen auch ein Verstoß gegen den Grundsatz von Treu und Glauben (§ 242 BGB) entgegen, denn die formalrechtliche Möglichkeit der Entstehung von Rechtsbeziehungen zwischen ihm und der Gesellschaft könne nicht zum eigenen Vorteil und zum Schaden der anderen Gläubiger ausgenützt werden. Die Festsetzung des Stammkapitals mit 30.000 RM sei ganz unzureichend gewesen. Den Gläubigern hafte nur das Gesellschaftsvermögen, mit diesem müsse es ihnen aber auch wirklich haften. Der Kläger habe durch sein Verhalten beabsichtigt, die gesetzlichen Vorschriften zur Kapitalaufbringung und -erhaltung zu vereiteln[162].

51 Die Berufungsinstanz hatte noch zusätzlich angeführt, den §§ 242, 826 BGB läge der allgemeine Rechtsgedanke zugrunde, daß die Form eines Rechts nicht über dessen Inhalt gehen dürfe[163]. Darauf geht das RG in seinem Revisionsurteil nicht mehr näher ein.

bb) Weitere Entscheidungen

52 Auf diese Grundsätze wurde später am Rande verwiesen[164]. Wenig Neues brachte auch RG JW **1939**, 355 im atypischen Fall einer Einmann-AG[165]. Unter Verweis auf die beiden genannten Entscheidungen wird apodiktisch formuliert[166]:

161 RG, Urteil vom 16.11.1937, JW **1938**, 862, 865.

162 RG, Urteil vom 16.11.1937, JW **1938**, 862, 865.

163 RG, Urteil vom 16.11.1937, JW **1938**, 862, 864.

164 RG, Urteil vom 22.10.1938, JW **1939**, 229, 231; RG, Urteil vom 13.1.1941, RGZ **166**, 51, 57.

165 RG, Urteil vom 3.12.1938.

166 RG, Urteil vom 3.12.1938, JW **1939**, 355, 356.

„Der Senat hat solchen Versuchen, da sie einen Mißbrauch darstellen, den Erfolg versagt und die angeblichen Darlehen als das behandelt, was sie in Wirklichkeit sind, nämlich Gesellschaftereinlagen (vgl. RG.: JW. 1938, 862[16] und vom 22. Okt. 1938, II 58/38: JW. 1939, 229[20]).“

b) BGH

Der BGH konnte in seiner Rechtsprechung das Recht des Eigenkapitalersatzes sukzessiv ausbauen. Für die ratio des Kapitalersatzes ist aus der Fülle des Materials vor allem die Ausgangsentscheidung BGHZ **31**, 258 und das schon erwähnte Urteil zur AG (Rz. 27) von Bedeutung. **53**

aa) BGHZ **31**, 258[167] - Die Grundsatzentscheidung zur GmbH

Die von der Literatur mittlerweile gemeinhin als „Lufttaxi-GmbH“ bezeichnete Gesellschaft war mit dem Mindeststammkapital von damals noch 20.000 DM ausgestattet worden, das bereits ca. drei Monate nach ihrer Gründung verbraucht war. Ein sittenwidriges Verhalten konnte nicht nachgewiesen werden[168]. Als Darlehen wurden rund 56.000 DM gewährt, um die ständige Illiquidität der Gesellschaft zu beheben. Bis zur Konkurseröffnung waren insgesamt 25.497,75 DM an den Beklagten zurückgezahlt worden. **54**

Den Ausgangspunkt der Überlegungen bildete die materielle Unterkapitalisierung der Gesellschaft[169]. Das Stammkapital sei für den satzungsmäßigen Zweck völlig unzureichend gewesen. Es gebe zwar keine Vorschrift, derzufolge das Stammkapital einer GmbH nach dem mutmaßlichen Kapitalbedarf der Gesellschaft zu bemessen sei. Das bedeute jedoch nicht, daß das haftende Kapital ganz ohne Rücksicht auf das für die satzungsmäßigen Gesellschaftszwecke benötigte Kapital festgesetzt werden dürfe. Andererseits sei es der GmbH nicht verwehrt, eine Unterkapitalisierung oder einen bloß vorübergehenden Kapitalbedarf durch Darlehen ihrer Gesellschafter zu decken, wenn die Gesellschaft dadurch vor einem Zusammenbruch bewahrt wird. Anders sei dies jedoch dann, wenn sich die Finanzierung mit Fremdmitteln auf dem Rücken der Gesellschaftsgläubi- **55**

167 BGH, Urteil vom 14.12.1959.

168 BGH, Urteil vom 14.12.1959, BGHZ **31**, 258, 271.

169 BGH, Urteil vom 14.12.1959, BGHZ **31**, 258, 268.

ger auswirke[170]. Wie das Problem der Unterkapitalisierung generell zu lösen sei, brauche nicht entschieden zu werden, denn es handele sich hier um einen Sonderfall, in dem der Hintermann der Gründungsgesellschafter die Gesellschaft mit dem Eigenkapital ausgestattet habe[171]. Solange ein Gesellschafter den Geldbedarf mit Darlehen decke, könne ihm die Tatsache der Unterkapitalisierung nicht vorgeworfen werden[172].

56 Die Darlehen hätten der Abwendung der Konkursantragspflicht (§ 64 Abs. 1 GmbHG) gedient[173]. Dieser Zweck könne aber nur dann erreicht werden, wenn sie nicht als Verbindlichkeiten der Gesellschaft erscheinen, sondern als Haftkapital behandelt werden. Durch Rückforderung und Entgegennahme setze sich der Gesellschafter zum Konkursabwendungszweck der Geldgaben und zur wirtschaftlichen Struktur des Unternehmens in Widerspruch. Damit verstieße er gegen Treu und Glauben (§ 242 BGB). Zwar sei er mangels einer Nachschußpflicht zu mehr als zur Aufbringung des Stammkapitals nicht verpflichtet gewesen. Wenn aber weitere Mittel zur Verfügung gestellt werden, so dürften sie zur Unzeit, also noch bevor der mit ihnen verfolgte Zweck nachhaltig erreicht ist, nicht zurückgefordert werden[174].

bb) BGHZ **90**, 381[175] - Die Grundsatzentscheidung zur AG

57 Über das Vermögen der B-AG, die seit 1974 mit wachsenden wirtschaftlichen Schwierigkeiten zu kämpfen hatte, wurde 1979 das Konkursverfahren eröffnet. Der Konkursverwalter als Kläger verlangte von der Hausbank der B-AG als Beklagten, die über einen längeren Zeitraum hinweg höchstens 20,5 % der Anteile gehalten hatte, die Zurückzahlung von

170 Besonders deutlich BGH, Urteil vom 29.11.1971, WM **1972**, 74, 75: Ausschaltung einer „über das gewöhnliche Maß hinausgehende Gefährdung der Gläubiger."

171 BGH, Urteil vom 14.12.1959, BGHZ **31**, 258, 270.

172 BGH, Urteil vom 14.12.1959, BGHZ **31**, 258, 271.

173 BGH, Urteil vom 14.12.1959, BGHZ **31**, 258, 272.

174 Der zweite Revisionszug in derselben Sache (BGH, Urteil vom 15.11.1962, WM **1963**, 121) erbrachte keine neuen Erkenntnisse.

175 BGH, Urteil vom 26.3.1984.

70.638.230,00 DM. Die Vorinstanzen hatten die Klage abgewiesen[176]. Der BGH hob das Berufungsurteil auf und verwies die Sache zurück.

Der BGH führte aus, die zur GmbH entwickelten Rechtsgrundsätze zum **58** Eigenkapitalersatz seien prinzipiell auch auf Gesellschafterdarlehen an die AG anwendbar[177]. Diese Grundsätze sollten verhindern, daß die gesetzlichen Kapitalschutzvorschriften ihrem Zweck nach durch die Hergabe von Darlehen anstelle fehlenden Eigenkapitals unterlaufen werden. Zwar sei der Kapitalschutz in der AG strenger ausgestaltet als in der GmbH. Bei der AG trügen darüber hinaus die größtenteils zwingenden Vorschriften über die Aufstellung, Prüfung und Feststellung des Jahresabschlusses und die allgemein größere Publizität der Vermögens- und Ertragsentwicklung zu einem verstärkten Gläubigerschutz bei. Diese Unterschiede könnten aber nicht verhindern, daß das gebundene Vermögen verbraucht werde und ein verstärkter Kapitalbedarf auftrete. Sie seien nicht für die Frage bestimmend, ob die Grundsätze über den Eigenkapitalersatz überhaupt auf die AG anwendbar seien, sondern für den Umfang des auf diese Weise zu gewährenden Gläubigerschutzes maßgeblich[178]. Die Stellung des Aktionärs unterscheide sich wesentlich von der eines GmbH-Gesellschafters. Aktionäre hätten weder eine Weisungsbefugnis noch ein laufendes Informationsrecht. Ihre Möglichkeiten, auf die Kapitalentwicklung der Gesellschaft Einfluß zu nehmen, seien gering. Dementsprechend sei in der AG auch die Bindung des Gesellschafters an die Gesellschaft geringer[179]. Dies gelte vor allem für die Publikumsgesellschaft, deren Aktien frei gehandelt werden. Hier stehe, jedenfalls für den Kleinaktionär, nicht das Interesse an unternehmerischer Betätigung, sondern der Anlagezweck im Vordergrund. Diese rechtsformbedingten Unterschiede müßten bei der Frage berücksichtigt werden, inwieweit die zur GmbH entwickelten Rechtsgrundsätze zum Eigenkapitalersatz auf Aktionärsdarlehen angewendet werden können, denn an die Finanzierungsverantwortung bei der AG seien schärfere Anforderungen als bei der GmbH zu stellen (Rz. 27). Bankkredite könnten nicht schon deshalb als Kapitalersatz zu behandeln sein, weil die kreditgebende Bank mehr oder weniger zufällig

176 OLG Düsseldorf, Urteil vom 30.6.1983, ZIP **1983**, 786; LG Düsseldorf, Urteil vom 27.5.1981, ZIP **1981**, 601.

177 BGH, Urteil vom 26.3.1984, BGHZ **90**, 381, 386.

178 BGH, Urteil vom 26.3.1984, BGHZ **90**, 381, 387.

179 BGH, Urteil vom 26.3.1984, BGHZ **90**, 381, 388.

auch Aktien des Schuldunternehmens halte. In solchen Fällen fehle es an einer durch die Beteiligung vermittelten Unternehmerstellung, die eine Mitverantwortlichkeit für die Finanzierung der Gesellschaft begründen könnte und die ein Mindestmaß an Einfluß voraussetze, wie ihn in der Regel nur ein größerer Aktienbesitz vermittle[180]. Dieser Einfluß sei nicht erst dann gegeben, wenn der Aktionär die Möglichkeit gehabt hätte, einen Kapitalerhöhungsbeschluß herbeizuführen; der Vorwurf, der zur Behandlung eines Gesellschafterdarlehens als Eigenkapital führt, beruhe nicht darauf, der Gläubiger habe es versäumt, auf einen derartigen Beschluß hinzuwirken, sondern darauf, daß die tatsächliche Finanzhilfe als Darlehen gegeben wurde. Entscheidend sei also die Wahlfreiheit zwischen einem finanziellen Beitrag überhaupt und dem Absehen von jeglicher Finanzhilfe, nicht die zwischen Kapitalerhöhung und einer Finanzierung durch Darlehen. Die danach erforderliche unternehmerische Beteiligung läge regelmäßig bei einer wesentlichen Beteiligung vor, die dem Aktionär die Sperrminorität sichere, also bei einem Aktienbesitz von mehr als 25%[181]. Der damit gegebene Einfluß ließe erfahrungsgemäß ein unternehmerisches Interesse vermuten. Bei einer darunter liegenden, aber nicht unbeträchtlichen Beteiligung könne ein Gesellschafterdarlehen als haftendes Kapital einzustufen sein, wenn die Beteiligung in Verbindung mit weiteren Umständen dem Gläubiger Einfluß auf die Unternehmensleitung sichere und er ein entsprechendes unternehmerisches Interesse erkennen ließe[182].

2. Gesetzgebung

a) GmbH-Novelle von 1980

aa) Materielle Unterkapitalisierung

59 Der Gesetzgeber von 1980 sah das Gesellschafterdarlehen in der Krise als Problem der materiellen Unterkapitalisierung an[183], also der unzureichenden Ausstattung der GmbH mit Eigenkapital im Verhältnis zu ihrem

180 BGH, Urteil vom 26.3.1984, BGHZ **90**, 381, 389 f.

181 BGH, Urteil vom 26.3.1984, BGHZ **90**, 381, 391.

182 BGH, Urteil vom 26.3.1984, BGHZ **90**, 381, 392.

183 Begründung RegE GmbH-Novelle, BT-Drucksache 8/1347, 38.

Geschäftsumfang[184]. Dabei ginge es einmal um die grundsätzliche Frage, ob und wie eine GmbH verpflichtet werden könne, sich mit dem nach ihrem Geschäftszweig und Geschäftsumfang erforderlichen Eigenkapital auszustatten. Zum anderen sei fraglich, ob nicht eine Kapitalzuführung in Form von Gesellschafterdarlehen wenigstens dann besonderen Rechtsfolgen unterliegen müsse, wenn die Darlehensgewährung an Stelle einer Zuführung von Eigenkapital erfolgt. Das Problem der richtigen Kapitalausstattung sei nicht regelbar, da der Kapitalbedarf in der Zukunft nicht abgesehen werden könne und eine Haftung aufgrund nachträglicher Berechnungen mit dem Gebot der Rechtssicherheit nicht vereinbar sei.

bb) Abwälzung des Finanzierungsrisikos

Anders sei der Fall aber dann zu beurteilen, wenn der Gesellschaft tatsächlich Kapital zugeführt worden sei[185]. In diesem Fall solle der Gesellschafter das Risiko, das mit der an sich erforderlichen Kapitalzuführung verbunden wäre, nicht durch eine Darlehensgewährung auf die Gesellschaftsgläubiger abwälzen und im Konkurs der Gesellschaft seinen Rückforderungsanspruch gleichberechtigt mit den Forderungen anderer Gläubiger geltend machen können. **60**

cc) Eigene gesetzliche Rechtsgrundlage

Diese Überlegungen waren bekanntlich nicht neu, sondern stützten sich auf die zu diesem Zeitpunkt bereits etablierte Rechtsprechung des BGH. Für diese Rechtsprechung, die sich abgesehen von der Bezugnahme auf die §§ 30, 31 GmbHG nur auf allgemeine Grundsätze stützen konnte, wollte der Gesetzgeber eine eigene gesetzliche Rechtsgrundlage schaffen, um bestehende Zweifelsfragen soweit wie möglich auszuräumen[186]. **61**

b) KapAEG von 1998

Zu den Grundlagen des Eigenkapitalersatzrechts nahm der Gesetzgeber anläßlich der jüngsten Veränderungen im Eigenkapitalersatzrecht durch **62**

184 Grundlegend *Ulmer*, FS Duden, 661, 670 f.

185 Begründung RegE GmbH-Novelle, BT-Drucksache 8/1347, 39.

186 Begründung RegE GmbH-Novelle, BT-Drucksache 8/1347, 39.

das KapAEG wieder Stellung[187]. Das Finanzierungsrisiko dürfe nicht auf die außenstehenden Gesellschaftsgläubiger abgewälzt werden, die im Gegensatz zum Gesellschafter die Geschäftsinterna und ihre Entwicklung nicht überblicken können (Insidergedanke). Grundgedanke für die Umqualifizierung von Gesellschafterdarlehen sei also die mitunternehmerische Verantwortung des Gesellschafters (Finanzierungsverantwortung).

III. Stellungnahme

1. Verstoß gegen die guten Sitten, § 826 BGB

63 Entscheidendes Argument des RG war die Schädigung der anderen Gläubiger in einer gegen die guten Sitten verstoßenden Weise. Der Anmeldung der Kredite im Konkursverfahren stünde deshalb die Einrede der Arglist entgegen (Rz. 50). In der Tat kann § 826 BGB neben den §§ 226, 242 BGB Grundlage für den Einwand unzulässiger Rechtsausübung sein[188]. Im Fall der beabsichtigten Schädigung außenstehender Gesellschaftsgläubiger bestehen deshalb keine Bedenken, dem Gesellschafter die Anmeldung seiner Darlehensforderung zu verbieten[189]. Die Voraussetzungen des § 826 BGB sind aber sehr eng. Der BGH nimmt sie unter dem Gesichtspunkt der Gläubigergefährdung durch Konkursverschleppung nur an, wenn eigennütziges Verhalten des Gesellschafters vorliegt[190], hatte aber schon zu Beginn seiner Rechtsprechung zum Eigenkapitalersatz darauf hingewiesen, daß die bloße Kreditvergabe in Kenntnis einer unzureichenden Kapitalausstattung der Gesellschaft die Annahme eines sittenwidrigen Schädigungsvorsatzes nicht trägt[191]. Zusätzlich stellt sich bei § 826 BGB

[187] Begründung RegE KapAEG, BT-Drucksache 13/**7141**, 11.

[188] Erman/*Schiemann*, § 826 Rz. 22; Jauernig/*Teichmann*, § 826 Rz. 10; Münchener Kommentar/*Mertens*, § 826 Rz. 88; Soergel/*Hönn*/*Dönneweg*, § 826 Rz. 95 f.; Staudinger/*Oechsler*, § 826 Rz. 125; Palandt/*Thomas*, § 826 Rz. 18.

[189] *Hofmann*, NJW **1966**, 1941, 1946.

[190] Analyse der Rspr. bei *Reiner*, FS für Boujong, 415, 444 f.; vgl. auch *Erlinghagen*, GmbHR **1962**, 169; *Geßler*, BB **1971**, 665, 668; *Pleyer*, GmbHR **1960**, 43, 44 f.; *Sonnenberger*, NJW **1969**, 2033, 2035; *Ulmer*, FS für Duden, 661, 669; Harm Peter *Westermann*, ZIP **1983**, 1281, 1286 f.; *Wüst*, JZ **1985**, 817, 818, 823; *Wüst*, Gläubigerschutz, 26 f.

[191] BGH, Urteil vom 14.12.1959, BGHZ **31**, 258, 271.

das Problem der Nachweisbarkeit; so hatte das RG die komfortable, aber eher seltene Situation vorgefunden, daß die dazu notwendigen Feststellungen bereits im Rahmen eines strafrechtlichen Ermittlungsverfahrens getroffen worden waren, auf die sich das Berufungsgericht stützen konnte. Ganz abgesehen von diesen rechtlichen und tatsächlichen Problemen darf jedoch nicht übersehen werden, daß Fälle des § 826 BGB weit von dem Grundgedanken des Eigenkapitalersatzrechts in seiner gegenwärtigen Form entfernt sind, der darauf beruhen soll, daß Fremdkapital des Gesellschafters als Eigenkapital behandelt werden muß, weil es der Sache nach Eigenkapital ist (Rz. 52, 76)[192].

2. Mißbrauch durch Wahl der Rechtsform, §§ 826, 242 BGB

Das Berufungsgericht im Fall von RG JW **1938**, 862 hatte sich nebenbei auch darauf gestützt, den §§ 242, 826 BGB läge der allgemeine Rechtsgedanke zugrunde, daß die Form eines Rechts nicht über dessen Inhalt gehen dürfe (Rz. 51). Dazu führt das RG im Revisionsurteil lediglich aus, daß dieser allgemein gültige Satz auch im Gesellschaftsrecht gelte[193]. Auch bei dieser Überlegung klingt der Gedanke an, den das RG später sehr viel deutlicher formuliert hat, daß nämlich das Darlehen als Eigenkapital zu behandeln ist, weil es in Wirklichkeit solches sei (Rz. 52); der Sache nach stützt sich darauf auch der BGH (Rz. 76). Allerdings ist gerade ein Gesellschafterdarlehen als Darlehen gewollt und wird deshalb auch als solches gegeben; insoweit ist ein Formmißbrauch nicht erkennbar. Ein Darlehen deshalb als Eigenkapital zu behandeln, weil es in Wirklichkeit Haftkapital ist, beruht ausschließlich auf einem Vergleich, dem eine wirtschaftliche Betrachtungsweise zugrunde liegt. Die Frage ist nur, ob ein Darlehen, das wirtschaftlich gesehen Eigenkapital ersetzt, schon allein deshalb auch rechtlich als solches behandelt werden darf, denn diese Sichtweise setzt sich in eklatanter Weise über die von den Parteien privatautonom getroffene Vereinbarung hinweg (Rz. 102), was ohne eine rechtliche Begründung nicht zulässig ist[194]. Den Formmißbrauch allein auf den wirtschaftlichen Vergleich zu stützen, ist ein Zirkelschluß, weil die Annahme eines Formmißbrauchs die Umqualifizierung voraussetzt. Nur wenn sich aus einem anderen Rechtsgrund ergäbe, daß es sich bei dem Darlehen „in 64

192 Vgl. auch *Fleck*, FS für Werner, 107, 109.

193 RG, Urteil vom 16.11.1937, JW **1938**, 862, 864.

194 *Claussen*, ZHR **147** (1983), 195, 202 f.; *Reiner*, FS für Boujong, 415, 421.

Wirklichkeit" um Eigenkapital handelt, könnte eine mißbräuchliche Wahl der Rechtsform als Darlehen vorliegen[195].

3. Verstoß gegen Treu und Glauben, § 242 BGB

a) RG

65 Den Verstoß gegen § 242 BGB begründet das RG mit der Erwägung, der Gesellschafter dürfe die durch Mißbrauch des Gesellschaftsrechts erlangte Möglichkeit, selbst Gläubiger der von ihm geschaffenen Gesellschaft zu sein, nicht zum Nachteil ihrer wirklichen Gläubiger ausnutzen (Rz. 50). Da die Möglichkeit des Gesellschafters, mit „seiner" Gesellschaft schuldrechtlich in Verbindung zu treten, lediglich die Konsequenz der Rechtsnatur der GmbH als juristische Person ist, kann ein Mißbrauch höchstens bei gezielter Schädigungsabsicht vorliegen. In der Sache stellen sich daher dieselben Probleme wie bei § 826 BGB (Rz. 63).

b) BGH

66 Im Gegensatz zum RG begründet der BGH den Verstoß gegen Treu und Glauben nicht mit mißbräuchlichem Erwerb der eigenen Gläubigerstellung, sondern mit dem Verbot widersprüchlichen Verhaltens. Ein Gesellschafter, der sein Darlehen zurückfordere, obwohl es wegen seines objektiven Konkursabwendungszwecks als haftendes Kapital zu behandeln sei, setze sich dazu in Widerspruch, wenn dies zur Unzeit geschehe, d. h. vor nachhaltigem Erreichen des verfolgten Zwecks (Rz. 56).

67 Die Einrede des venire contra factum proprium ist eine der anerkannten Fallgruppen, die zu § 242 BGB entwickelt wurde. Der Grundsatz lautet allerdings, daß die Rechtsordnung widersprüchliches Verhalten erlaubt. Die Einrede des widersprüchlichen Verhaltens kann geltend gemacht werden, wenn zwischen den Beteiligten eine Sonderbeziehung besteht, in der die eine Seite durch ihr Verhalten ein besonderes Vertrauen geschaffen hat, an das sie sich aus Billigkeitsgründen festhalten lassen muß. Diese

195 Eine derartige Mißbrauchsnorm enthält im Steuerrecht § 42 AO. Aber selbst der BFH gelangt nur in krassen Fällen zu der Annahme, daß ein Darlehen wegen § 42 AO als Eigenkapital zu behandeln ist, *Tillmann*, GmbHR **1981**, 17, 20; *Claussen*, GmbHR **1994**, 9, 12, geht sogar davon aus, daß es im Steuerrecht derzeit keinen Eigenkapitalersatz gibt; vgl. auch *Hofmann*, NJW **1966**, 1941, 1943.

Voraussetzungen liegen aber bei einem Gesellschafter, der der Gesellschaft in der Krise ein Darlehen gewährt und dieses wieder zurückfordert bzw. entgegennimmt, nicht vor.

aa) Sonderbeziehung

Zunächst steht fest, daß zwischen dem Gesellschafter und den anderen 68
Gläubigern der Gesellschaft keine Sonderbeziehung besteht, so daß die Einrede ausschließlich zugunsten der Gesellschaft gegenüber dem Gesellschafter bestehen kann. Gläubiger desselben Schuldners stehen zueinander in Wettbewerb und bilden außerhalb des Insolvenzverfahrens keine Risikogemeinschaft. Jeder Gläubiger kann seine Forderung ohne Rücksicht auf die anderen Gläubiger geltend machen[196]. Wäre der Schuldner eine natürliche Person, käme niemand auf die Idee, einem Gläubiger widersprüchliches Verhalten vorzuwerfen, der trotz der schlechten finanziellen Lage des Kreditnehmers einen Kredit gewährt und wieder eintreibt, nur weil dieser Schuldner noch weitere Verbindlichkeiten gegenüber anderen Gläubigern hat.

bb) Vertrauenstatbestand

Die eigentlichen Schwierigkeiten beginnen aber bei der Frage nach der 69
Erzeugung eines konkreten Vertrauenstatbestandes im Verhältnis zwischen Gesellschaft und Gesellschafter. Es wird behauptet, Gesellschafterdarlehen erzeugten den Anschein augenblicklicher und künftiger Leistungsfähigkeit der Gesellschaft[197] bzw. ihrer ausreichenden Kapitalausstattung[198], weil sie die Weiterführung des Unternehmens ermöglichen.

Dieses Argument ist aber aus mehreren Gründen zweifelhaft. Zwar kön- 70
nen Gesellschafterdarlehen in der Tat dazu beitragen, daß eine an sich gebotene Liquidation unterbleibt und die Gesellschaft fortbesteht. Die

196 *Schönle*, GmbHR **1960**, 63, 64; *Sonnenberger*, NJW **1969**, 2033, 2035; *Kamm*, Gesellschafterdarlehen, 126.

197 BGH, Urteil vom 26.11.1979, BGHZ **75**, 334, 338; *Bäcker*, ZIP **1989**, 681, 684; *Lutter/Hommelhoff*, ZGR **1979**, 31, 36; *Rümker*, ZIP **1982**, 1385, 1391; Harm Peter *Westermann*, ZIP **1982**, 379, 387.

198 *Mayer*, BB **1990**, 1935; *Priester*, FS für Helmrich, 721, 730; *Ulmer*, ZIP **1984**, 1163, 1166; *Woeste*, GmbHR **1959**, 131; *Wüst*, Gläubigerschutz, 17 f.; vgl. auch *Erman*, KTS **1959**, 129, 132.

Frage ist allerdings, ob ein außenstehender Teilnehmer des Rechtsverkehrs darauf vertrauen darf, daß die Gesellschaft nicht mit Gesellschafterdarlehen finanziert ist; da eine Pflicht der Gesellschafter zu einer ausreichenden Eigenkapitalausstattung nicht besteht (Rz. 83), ist das zu verneinen[199]. Es kommt hinzu, daß es der BGH selbst war, der kurz vor Beginn der Rechtsprechung zu den eigenkapitalersetzenden Darlehen den Grundsatz aufgestellt hatte, das Vertrauen in die Zahlungsfähigkeit und die Kreditwürdigkeit eines anderen genieße keinen besonderen Schutz[200]. Fraglich ist aber auch, ob ein Gesellschafterdarlehen für den Rechtsschein der beschriebenen Art überhaupt ursächlich sein kann. Im Falle wirtschaftlicher Erfolgslosigkeit einer Gesellschaft sieht das Gesetz nur Abwicklungsmaßnahmen vor, die allein in den Händen der Gesellschafter (§ 60 Abs. 1 Nr. 2 GmbHG) bzw. Geschäftsführer (§ 64 Abs. 1 GmbHG) liegen, solange überhaupt noch Gesellschaftsvermögen in irgendeiner Höhe vorhanden ist (§ 141a FGG). Vorschriften zur Verbesserung der Vermögenssituation gibt es dagegen nicht; es besteht weder eine Nachschußpflicht (§ 26 GmbHG) noch eine Pflicht zur ordnungsgemäßen oder angemessenen Kapitalausstattung (Rz. 83). Folge dieser Finanzierungsfreiheit ist, daß tatsächlich nicht mehr lebensfähige Gesellschaften im Handelsregister stehen bleiben, weil sie die Rechtsordnung formal als lebensfähig ansieht, solange es den Beteiligten gelingt, die erforderlichen Mittel aufzutreiben[201]. Dieser Hintergund ist es, der die Gabe von Gesellschafterhilfen ermöglicht, provoziert und marode Gesellschaften am Leben erhält. Die Gefährdung des Rechtsverkehrs entsteht also nicht durch einen Rechtsschein, der durch die Gabe von Gesellschafterdarlehen verursacht wird, sondern bereits durch die Existenz abgewirtschafteter Gesellschaften, die noch werbend tätig sind, die noch im Handelsregister eingetragen sind und deren Zustand für den gewöhnlichen Rechtsverkehr nicht ohne weiteres erkennbar ist. Daß die dünne Eigenkapitaldecke deutscher Unternehmen allgemein bekannt sein soll[202] und bereits deshalb ein

199 *Fastrich*, FS für Zöllner, 143, 146; *Sonnenberger*, NJW **1969**, 2033, 2036.

200 BGH, Urteil vom 16.12.1958, BGHZ **29**, 100, 106; *Erlinghagen*, GmbHR **1962**, 169, 173; *Sonnenberger*, NJW **1969**, 2033, 2035.

201 *Erlinghagen*, FS für Kaufmann, 139, 142.

202 So *Grunewald*, GmbHR **1997**, 7, 8; *Koppensteiner*, AG **1998**, 308, 315; Rechtstatsachen: *Claussen*, GmbHR **1994**, 9, 14; *Claussen*, ZHR **147** (1983), 195, 207 ff.; *Hansen*, GmbHR **1996**, 327; *Ullrich*, GmbHR **1983**, 133, 134 f.

203 *Grunewald*, GmbHR **1997**, 7, 8; *Immenga*, ZIP **1983**, 1405, 1407; *Koppensteiner*, AG **1998**, 308, 315; *Stauder*, GmbHR **1968**, 72, 73; *Wiedemann*, FS für Beusch, 893, 905.

Rechtsschein beschriebener Art ausscheidet, trifft allerdings mit Sicherheit nicht auf jeden Teilnehmer am Rechtsverkehr zu; auch § 42 Abs. 3 GmbHG nützt nur dem, der sich in einer Position befindet, die es ihm erlaubt, die Vorlage der Bilanz verlangen zu können. Insgesamt überwiegen aber die Zweifel an der Erzeugung eines konkreten Vertrauenstatbestandes durch die Zuführung frischen Kapitals in der Form von Gesellschafterdarlehen[203].

Auch aus der Kreditaufnahme selbst läßt sich nicht der Schluß ziehen, die Gesellschaft könne sich dies leisten, weil sie ausreichend mit Eigenkapital ausgestattet ist (vgl. Rz. 34). Darlehen werden aus ganz verschiedenen Gründen aufgenommen. Die Gesellschaft kann sich tatsächlich in Schwierigkeiten befinden. Ein Darlehen führt aber nicht zwingend dazu, daß sich die Situation nachhaltig verbessert, denn Kredite dienen typischerweise zur Behebung fehlender Liquidität, so daß das frische Kapital schnell verbraucht sein kann. Oft ist die Auskehrung der Valuta an einen bestimmten Zweck gebunden, so daß die neuen Mittel überhaupt nicht zur freien Verfügung der Gesellschaft stehen, sondern von vornherein verplant sind. Aber auch ein gesundes Unternehmen kann gezwungen sein, ein Darlehen aufnehmen zu müssen, wenn z. B. neue Investitionsvorhaben geplant sind, die auch von solide finanzierten Gesellschaften nicht ohne zusätzliche Mittel finanziert werden können; es kann auch ein Schuldner der Gesellschaft in Konkurs geraten sein oder Lieferanten oder Abnehmer streiken[204]. Wer ein Darlehen aufnimmt, schließt lediglich einen Vertrag ab; mehr kann in ein solches Verhalten nicht hineingelesen werden. Der Rechtsverkehr mag den Schluß ziehen, daß der Darlehensnehmer kreditwürdig ist, aber dieser Maßstab besitzt eben keine Allgemeingültigkeit. Niemandem ist es verboten, spekulativ oder sogar schlichtweg unvernünftig zu wirtschaften; was auch immer aus der bloßen Darlehensaufnahme herausgelesen wird, es beruht auf subjektiven Maßstäben außenstehender Beobachter. Hinzu kommt, daß dem Außenstehenden nicht immer alle Begleitumstände bekannt sein müssen, z. B. wenn der Empfänger des Darlehens über seine Kreditwürdigkeit getäuscht hat. Selbst aus der Tatsache, daß ein Darlehen gerade beim Gesellschafter aufgenommen wird, lassen sich keine sicheren Schlüsse ziehen. Zwar besteht zwischen Gesellschaft und Gesellschafter ein Näheverhältnis, das auf die Bereitschaft zum Abschluß und auf die Gestaltung von 71

204 *Erlinghagen*, FS für Kaufmann, 139, 148.

Verträgen in der Regel Einfluß hat. Es kann aber auch einfach sein, daß die Gesellschaft eine Offenlegung bestimmter interner Fakten oder ein Mitspracherecht von Dritten (Rz. 33) vermeiden will und sich deshalb an den Gesellschafter wendet[205].

72 Aber selbst wenn man von der Erzeugung eines derartigen Rechtsscheins ausgeht, lassen sich weitere Zweifel anmelden. Zunächst wäre das Argument nicht auf den Gesellschafter beschränkt, denn konsequenterweise müßte man die Erzeugung des Rechtsscheins auch und sogar erst recht dann annehmen, wenn das Darlehen von einem außenstehenden Gläubiger gegeben wird[206]. Auch die Folgen, die aus dem Rechtsschein der ausreichenden Kapitalausstattung der Gesellschaft gezogen werden, überzeugen nicht. Bei konsequenter Anwendung dürften wie bei einer echten Rechtsscheinhaftung[207] nur diejenigen Gläubiger geschützt werden, die nach der Vergabe des Gesellschafterdarlehens mit der Gesellschaft kontrahiert und tatsächlich darauf vertraut haben, daß die Gesellschaft nun leistungsfähiger ist als vorher. Der Altgläubiger dürfte also nicht in den Schutzbereich einbezogen sein[208]; das ist nach dem geltenden Rechtszustand aber weder der Fall noch beabsichtigt[209]. Der Hinweis darauf, daß ein Abgehen vom Kausalitätserfordernis eine Stärkung des Gläubigerschutzes darstellt[210], ist zwar richtig, beantwortet aber nicht die Frage, ob er in diesem Fall überhaupt noch gerechtfertigt ist[211].

73 Am schwersten wiegt aber, daß die These vom Rechtsschein der ausreichenden Kapitalausstattung der Gesellschaft in Wirklichkeit nicht einmal ansatzweise erklären kann, warum sie dazu führen sollte, daß der Gesellschafter seine Kredite nicht mehr geltend machen darf. Wie gesehen, ist das Verhältnis zwischen Gesellschaft und Gesellschafter maßgebend

205 Bsp. bei *Luckan/Schacht*, DB **1970**, 1449, 1453.

206 *Immenga*, ZIP **1983**, 1405, 1410.

207 Vgl. *Claussen*, ZHR **147** (1983), 195, 204; *Koppensteiner*, AG **1998**, 308, 313; *Reiner*, FS für Boujong, 415, 442.

208 *Claussen*, ZHR **147** (1983), 195, 203; vgl. auch *Farrenkopf/Cahn*, AG **1983**, 151, 152; *Fleck*, FS für Werner, 107, 114 f.; *Menzel*, AG **1982**, 197; *Sonnenberger*, NJW **1969**, 2033, 2037.

209 BGH, Urteil vom 21.9.1981, BGHZ **81**, 311, 320.

210 *Farrenkopf/Cahn*, AG **1983**, 151, 152 Anm. 15.

211 *Fleck*, FS für Werner, 107, 115: Rechtfertigung ergibt sich aus der Strenge der gesetzlichen Vorschriften über die Kapitalaufbringung und -erhaltung.

(Rz. 68). Soll also dem Gesellschafter verwehrt werden, seinen Rückforderungsanspruch geltend zu machen, müßte das Gesellschafterdarlehen bei der Gesellschaft[212] und nicht bei den Drittgläubigern[213] einen Vertrauenstatbestand irgendeiner Art erzeugt haben, z. B. in Form der Erwartung der Gesellschaft, der Gesellschafter werde das Darlehen in der Krise nicht geltend machen[214]. Das wird nur selten der Fall sein, weil der Gesellschafter die Mittel gerade deshalb als Darlehen gibt, um sie wieder zurückverlangen zu können und der Gesellschaft dieser Umstand bekannt sein wird.

cc) Widersprüchliches Verhalten

(1) Vertrag

Auch ein widersprüchliches Verhalten des Gesellschafters liegt nicht vor, 74
wenn der Kredit abgezogen werden soll. Wer die Darlehensvaluta zurückverlangt, macht nur vom vertraglich bzw. gesetzlich vorgesehenen Recht Gebrauch[215]. Ein Widerspruch würde nur dann vorliegen, wenn der Gesellschafter nach Treu und Glauben verpflichtet wäre, das Darlehen als Eigenkapital zu geben[216]. Das ist aber nicht der Fall, weil eine Nachschußpflicht auch in der Krise nicht besteht (Rz. 70).

(2) Vertragsszweck

Den Widerspruch leitet der BGH denn auch mit ganz anderen Mitteln 75
her:

212 Zutreffend *Ulmer*, FS für Duden, 661, 672.

213 So aber *Fastrich*, FS für Zöllner, 143, 145; *Kamm*, Gesellschafterdarlehen, 127.

214 *Sonnenberger*, NJW **1969**, 2033, 2035.

215 Scholz/K. *Schmidt*, §§ 32a, 32b Rz. 9; *Altmeppen*, ZIP **1993**, 1677, 1682 Anm. 49; *Fastrich*, FS für Zöllner, 143, 145; *Grunewald*, GmbHR **1997**, 7, 8; *Koller*, FS für Heinsius, 357, 371; *Koppensteiner*, AG **1998**, 308, 315; *Lutter/Hommelhoff*, ZGR **1979**, 31, 35; *Reiner*, FS für Boujong, 415, 424; K. *Schmidt*, ZHR **147** (1983), 165, 183; *Sonnenberger*, NJW **1969**, 2033, 2035; *Ulmer*, FS für Duden, 661, 672 f.; K. *Schmidt*, GesR, § 18 III 4 b); *Kamm*, Gesellschafterdarlehen, 127; *Kamprad*, Gesellschafterdarlehen, 65 (für den Fall der Zahlungsunfähigkeit); *Wolany*, Rechte und Pflichten, 67 ff.; kritisch auch *Hommelhoff*, ZGR **1988**, 460, 464 f.

216 *Wolany*, Rechte und Pflichten, 70.

„Seine „Darlehen" dienten dazu, die Konkursantragspflicht (§ 64 Abs. 1 GmbHG) abzuwenden. (...) Denn die Gesellschaft besaß nur wenig Vermögen, und mit den darlehensweise zur Verfügung gestellten Geldern sollten nicht Werte geschaffen, sondern Personalausgaben, Chartergebühren und Aufwendungen für Versuche bestritten werden. Sollte der mit den „Darlehen" verfolgte Zweck erreicht werden, so durften diese Gelder nicht als Schulden der Gesellschaft erscheinen, sondern waren vom Beklagten und der GmbH zunächst so zu behandeln, als seien sie haftendes Kapital. Zu dieser durch den Konkursabwendungszweck der Geldgaben und die wirtschaftliche Struktur des Unternehmens bedingten Folge setzte sich der Beklagte durch die Rückforderung seiner „Darlehen" und die Entgegennahme der Darlehensrückzahlungen in Widerspruch."[217]

76 Wie schon das RG (Rz. 52) begründet auch der BGH den Widerspruch damit, daß das Darlehen deswegen als Haftkapital behandelt werden muß, weil es wegen der Krise der Gesellschaft objektiv betrachtet die Funktion von Haftkapital hat[218]. Damit beruht die Umqualifizierung auf einem Vergleich, dem eine ausschließlich wirtschaftliche Betrachtungsweise zugrundeliegt[219]. Auf den darin liegenden Zirkelschluß[220] wurde bereits hingewiesen (Rz. 64), denn daß ein Darlehen wirtschaftlich gesehen die Funktion von Eigenkapital erfüllen mag, besagt noch nicht, daß es auch in rechtlicher Hinsicht so zu behandeln wäre[221]; die Finanzierung mit Fremdkapital ist ebensowenig verboten wie die mit Eigenkapital[222]. Auffällig ist in diesem Zusammenhang, daß die Rechtsprechung zum Durch-

217 BGH, Urteil vom 14.12.1959, BGHZ **31**, 258, 271 f.

218 Besonders deutlich BGH, Urteil vom 21.9.1981, BGHZ **81**, 311, 315; *Claussen*, ZHR **147** (1983), 195, 204; *v. Gerkan*, GmbHR **1986**, 218, 221; *Farrenkopf/Cahn*, AG **1983**, 151, 152; *Fleck*, FS für Werner, 107, 121; *Reiner*, FS für Boujong, 415, 422; K. *Schmidt*, FS für Goerdeler, 487, 504; K. *Schmidt*, ZHR **147** (1983), 165, 172; K. *Schmidt*, ZIP **1981**, 689, 691; K. *Schmidt*, ZGR **1980**, 567, 571; K. *Schmidt*, NJW **1980**, 1769, 1772; *Ullrich*, GmbHR **1983**, 133, 139 f.; *Wiedemann*, FS für Beusch, 893, 907; *Kamm*, Gesellschafterdarlehen, 125.

219 Besonders deutlich BGH, Urteil vom 29.11.1971, WM **1972**, 74, 75: „wirtschaftlich als Kapitalgrundlage zu betrachten".

220 Ebenso *Claussen*, FS für Forster, 140, 141 Anm. 1; vgl. *Reiner*, FS für Boujong, 415, 423: Leerformel, die die gedankliche Trennung zwischen Sein und Sollen ignoriert; so schon *Unger*, KTS **1959**, 33, 36.

221 *Dempewolf*, DB **1961**, 1011; *Grunewald*, GmbHR **1997**, 7, 9; *Koppensteiner*, AG **1998**, 308, 313; *Kamm*, Gesellschafterdarlehen, 125.

222 *Fastrich*, FS für Zöllner, 143, 144.

griff zwar auch auf „die Wirklichkeiten des Lebens und die Macht der Tatsachen“[223] zugreift, der Figur des Durchgriffs aber trotzdem - insbesondere bei materieller Unterkapitalisierung[224] - restriktiv gegenübersteht[225] und eine Haftung des GmbH-Gesellschafters nur in ganz bestimmten Fallgruppen unter weiteren, qualifizierenden Voraussetzungen zuläßt[226]; dieser Unterschied ist um so gravierender, als sich der Eigenkapitalersatz in gewisser Hinsicht als Durchgriff begreifen läßt (Rz. 103 f.). Allein auf die wirtschaftliche Funktion der Gesellschafterhilfe abzustellen, bedeutet dagegen den Gesellschafter dort haften zu lassen, wo er haften soll[227]. Im übrigen müßte der wirtschaftliche Vergleich auch die Darlehen außenstehender Gläubiger erfassen (vgl. Rz. 72)[228], da rein wirtschaftlich betrachtet auch sie in der Krise dazu geeignet sind, fehlendes Eigenkapital zu ersetzen. Die erstmals erfolgte Übernahme des Begriffs des „eigenkapitalersetzenden Darlehens“ in den §§ 39 Abs. 1 Nr. 5, 135 InsO soll nur klarstellen, daß auch die Fälle des § 32a Abs. 3 GmbHG, der §§ 129a, 172a HGB und der eigenkapitalersetzenden Darlehen in der AG erfaßt sein sollen[229].

Auch die Annahme des BGH, Gesellschafterdarlehen in der Krise hätten den Zweck, eine einmal eingetretene Konkursantragspflicht wieder zu beseitigen, ist nicht unproblematisch. Daß es gar nicht um die Beseitigung des Insolvenzgrundes geht, zeigt sich schon daran, daß der Eigenkapitalersatz bereits ab Kriseneintritt Anwendung findet und man mit dem Verbot widersprüchlichen Verhaltens von diesem Zeitpunkt bis zur Kon- 77

223 Erstmals RG, Urteil vom 22.6.1920, RGZ **99**, 232, 234; BGH, Urteil vom 8.7.1970, BGHZ **54**, 222, 224; dazu kritisch *Erlinghagen*, GmbHR **1962**, 169, 170; *Hofmann*, NJW **1966**, 1941, 1942; *Reiner*, FS für Boujong, 415, 422 f.; *Stauder*, GmbHR **1968**, 72, 74; *Kamm*, Gesellschafterdarlehen, 118 ff.

224 *Michalski/de Vries*, NZG **1999**, 181, 182.

225 *Ehricke*, AcP **199** (1999), 257, 264 ff.

226 K. *Schmidt*, GesR, § 9 IV; vgl. auch *Kamm*, Gesellschafterdarlehen, 125.

227 Kritisch zur wirtschaftlichen Betrachtungsweise *Reiner*, FS für Boujong, 415, 423; *Kamm*, Gesellschafterdarlehen, 120 ff.

228 *Hommelhoff*, WM **1984**, 1105, 1115; *Reiner*, FS für Boujong, 415, 430; *Schönle*, GmbHR **1960**, 63, 64; *Sonnenberger*, NJW **1969**, 2033, 2035; *Wolany*, Rechte und Pflichten, 70.

229 Begründung RegE InsO, BT-Drucksache 12/**2443**, 161; *Noack*, FS für Claussen, 307, 312.

kursreife in erhebliche Begründungsschwierigkeiten gerät[230]. Aber auch hinsichtlich der Insolvenzgründe selbst ergeben sich Schwierigkeiten. Zunächst herrscht um die Frage, ob eigenkapitalersetzende Darlehen im Überschuldungsstatus weggelassen werden dürfen oder passiviert werden müssen und die Überschuldung deshalb überhaupt nicht beseitigen kön-

230 Exemplarisch *Kamprad*, Gesellschafterdarlehen, 66 ff.

231 Meinungsstand bei *Beintmann*, BB **1999**, 1543; K. *Schmidt*, GmbHR **1999**, 9; *Kleindiek*, Handbuch, Rz. 7.30; zu den Argumenten in der Diskussion eingehend *Fleischer*, ZIP **1996**, 773 ff.; *Kleindiek*, Handbuch, Rz. 7.31 ff.

232 Vgl. *Noack*, FS für Claussen, 307, 313 ff.; K. *Schmidt*, GmbHR **1999**, 9 ff.; *Kleindiek*, Handbuch, Rz. 7.38 ff.

233 Begründung RegE InsO, BT-Drucksache, 12/**2443**, 115.

234 Seit der neuen InsO str., vgl. *Lenz*, GmbHR **1999**, 283 f.; K. *Schmidt*, RWS-Forum 14, 287, 297 ff.; K. *Schmidt*, GmbHR **1999**, 9 ff.; *Kleindiek*, Handbuch, Rz. 7.52 f.

235 *Kleindiek*, Handbuch, Rz. 7.51.

236 So aber *Ulmer*, FS für Duden, 661, 671; *Kamprad*, Gesellschafterdarlehen, 65 f.

237 Vgl. *Fastrich*, FS für Zöllner, 143, 146.

238 *Lutter/Hommelhoff/Timm*, BB **1980**, 737, 742; *Wimmer*, DStR **1996**, 1249, 1250; eingehend *Wolany*, Rechte und Pflichten, 67 ff.

239 Vgl. *Koppensteiner*, AG **1998**, 308, 315; *Kamm*, Gesellschafterdarlehen, 126; *Wolany*, Rechte und Pflichten, 67; **a. A.** *Lutter/Hommelhoff*, ZGR **1979**, 31, 35: Verwendungszweck ist stets Bestandteil des Darlehensvertrages.

240 Vgl. *Kamm*, Gesellschafterdarlehen, 126; *Wolany*, Rechte und Pflichten, 69.

241 Erman/*Werner*, § 242 Rz. 169; Jauernig/*Vollkommer*, § 242 Rz. 85; Münchener Kommentar/*Roth*, § 242 Rz. 656 ff.; Soergel/*Teichmann*, § 242 Rz. 233 f.; Staudinger/J. *Schmidt*, § 242 Rz. 1302 ff.; Palandt/*Heinrichs*, § 242 Rz. 146.

242 *Schönle*, GmbHR **1960**, 63, 64.

243 *Rümker*, ZIP **1982**, 1385, 1388; Harm Peter *Westermann*, ZIP **1982**, 379, 380; vgl. auch *Sonnenberger*, NJW **1969**, 2033, 2035: Rückforderung erst, wenn es seinen Zweck erfüllt hat; *Wolany*, Rechte und Pflichten, 68: Einschränkung des Kündigungsrechts durch § 242 BGB.

244 *Fastrich*, FS für Zöllner, 143, 145; *Junker*, ZHR **156** (1992), 394, 396; vgl. auch *Schönle*, GmbHR **1960**, 63, 64.

245 *Koppensteiner*, AG **1998**, 308, 312, 315; *Wiedemann*, FS für Beusch, 893, 907.

246 *Koppensteiner*, AG **1998**, 308, 312; *Lutter/Hommelhoff*, ZGR **1979**, 31, 35; *Ullrich*, GmbHR **1983**, 133, 140.

247 *Neflin*, GmbHR **1963**, 41, 46.

248 *Koppensteiner*, AG **1998**, 308, 315.

249 *Claussen*, ZHR **147** (1983), 195, 204; *Reiner*, FS für Boujong, 415, 425; *Uhlenbruck*, GmbHR **1982**, 141, 150; *Wolany*, Rechte und Pflichten, 70.

nen, ein Streit, den es seit dem Kapitalersatz gibt[231] und der sich auch nach Inkrafttreten der neuen InsO nicht erledigt hat[232], obwohl die Gesetzesbegründung eindeutig von einer Passivierungpflicht ausgeht[233]. Bis zum Inkrafttreten der InsO[234] war man sich zwar zumindest darüber einig, daß eigenkapitalersetzende Darlehen bei der Vereinbarung eines Rangrücktritts nicht passiviert werden[235]; einen allgemeinen Grundsatz des Inhalts, daß ein Gesellschafter mit der Hergabe eines Darlehens in der Krise den rechnerischen Status der Überschuldung beseitigen und dazu im Rang zurücktreten will, gibt es aber nicht[236], sondern wäre reine Fiktion[237]. Ein Gesellschafterdarlehen kann lediglich - wie es in BGHZ **31**, 258 der Fall war - Zahlungsunfähigkeit (§ 17 InsO) beseitigen[238]. Aber auch in diesem Fall ist es nicht zulässig, zwischen dem Verhalten des Gesellschafters und dem Zweck des Vertrages einen Widerspruch anzunehmen. Vertragszweck und Vertragsinhalt sind zwei verschiedene Ebenen[239], von denen sich der Zweck grundsätzlich dem Vertrag unterordnen muß[240], auch wenn er für die Auslegung des Vertrages eine Rolle spielen kann (§§ 133, 157 BGB). Das Verwendungsrisiko für die Darlehensvaluta liegt grundsätzlich bei der Gesellschaft als Darlehensnehmerin. Wird der mit einem Vertrag verfolgte Zweck nicht erreicht, berührt dies den Vertrag nur in dem Ausnahmefall, daß er von den Vertragsparteien zur Geschäftsgrundlage erhoben wurde[241]. Das ist bei der Vergabe eines Gesellschafterdarlehens zwar denkbar, weil die Zahlungsunfähigkeit bei dessen Vergabe i. d. R. beiden Seiten bekannt gewesen sein wird; für beide Seiten ist aber ebenso das Mißlingen des Sanierungsversuchs vorhersehbar, so daß das Sanierungsrisiko nicht allein dem Gesellschafter zugewiesen werden kann. Es ist zwar möglich, den grundsätzlichen Schutz des Darlehensnehmers, den das Gesetz durch § 609 Abs. 2 BGB bietet[242], im Wege der Auslegung (§§ 133, 157 BGB) dahingehend auszuweiten, daß die Kündigung des Darlehens zur Unzeit solange verboten ist[243], wie die Sanierung noch als möglich erscheint. Ist ein Fehlschlagen der Bemühungen aber absehbar, kann man dem Gesellschafter den Abzug des Darlehens nicht mehr verwehren, soweit dies der Vertrag schuldrechtlich zuläßt[244]. Im Ergebnis nichts anderes ergibt sich, wenn der Sanierungszweck im Einzelfall echter Vertragsbestandteil ist, weil z. B. die Kündbarkeit ausgeschlossen ist[245], denn der Zweck kann von den Vertragsparteien jederzeit aufgehoben werden[246], auch wenn sich der Geschäftsführer dadurch einer Haftung aus § 43 Abs. 2 GmbHG aussetzen mag. Im Ergebnis kann also nicht davon gesprochen werden, daß sich der Gesellschafter an der von ihm selbst gegebenen Zweckbestimmung festhalten lassen muß[247]. Die Zweckbestimmung richtet sich nach dem Willen beider Vertragsparteien[248]. Diese

Dispositionsbefugnis kann entgegen der Argumentation des BGH nicht dadurch aufgehoben werden, indem sie gegen die objektive Haftkapitalfunktion ausgetauscht wird[249].

(3) Objektiver Verkehrsschutz

78 Der Ansatz des BGH ist von *Lutter/Hommelhoff* weiterentwickelt worden. Das Verhalten des Gesellschafters soll in Widerspruch zu der von den Vertragsparteien getroffenen Zweckvereinbarung stehen, weil das Bedürfnis nach objektivem Verkehrsschutz die Zweckvereinbarung der Disposition der Vertragsparteien entziehe[250]. Durch das Darlehen trage der Gesellschafter dazu bei, daß sich im Geschäftsverkehr der Eindruck bilde und festige, die Gesellschaft sei augenblicklich und künftig leistungsfähig. Dabei handele es sich nicht um das konkrete Vertrauen des einzelnen Teilnehmers am Rechtsverkehr, sondern um ein normativ-typisiertes, allgemeines Vertrauen des Geschäftsverkehrs. Objektiver Verkehrsschutz ziele auf den Schutz potentiellen, nicht auf den aktuellen Vertrauens ab[251].

79 Zu dem Argument, ein Gesellschafterdarlehen sei in der Lage, den Eindruck der Leistungsfähigkeit eines Unternehmens vorzutäuschen, wurde bereits Stellung genommen (Rz. 70 ff.). Abgesehen von diesen Bedenken ist aber auch die Annahme eines objektiven Vertrauenstatbestandes nicht überzeugend. Die gesamte Rechtsscheinlehre wird von dem Grundsatz beherrscht, daß der gute Glaube nur an eine irgendwie kundgemachte Rechtslage geschützt wird[252]. Beim Schutz des Rechtsverkehrs unabhängig von der konkreten Kenntnis des einzelnen Beteiligten ist darüber hinaus die Kundmachung in einer Form notwendig, die öffentlichen Glauben genießt. Beispiele hierfür sind das Handelsregister (§ 15 HGB), das Grundbuch (§ 892 BGB), der Erbschein (§ 2366 BGB) und das (nur noch in der Theorie existierende) Güterrechtsregister (§ 1558 BGB). Eine Publizität dieser Qualität existiert bei Gesellschafterdarlehen nicht. Auch die Beispiele, die von den beiden Autoren angeführt werden, um die Existenz objektiven Verkehrsschutzes der Leistungsfähigkeit von Unternehmen zu

250 *Lutter/Hommelhoff*, ZGR **1979**, 31, 36.

251 *Lutter/Hommelhoff*, ZGR **1979**, 31, 37.

252 *Canaris*, Vertrauenshaftung, 152.

beweisen[253], überzeugen nicht. So geht es bei dem Verbot irreführender Firmenzusätze über geographische oder betriebsbezogene Verhältnisse um den Schutz der Entschließungsfreiheit des Verbrauchers; er soll davor geschützt werden, in seiner Erwartungshaltung an das Produkt des Unternehmens enttäuscht zu werden. Die Haftung nach den Regeln über den Scheinkaufmann betrifft ebenfalls nicht die Bonität des Unternehmers. Der Überschuldungstatbestand als Insolvenzgrund schließlich dient wegen der Vorverlegung der Insolvenzantragspflicht[254] zwar in der Tat dem Schutz der Gläubiger vor finanzieller Leistungsunfähigkeit des Schuldners; er genießt aber keinen öffentlichen Glauben.

4. Umgehung der gesetzlichen Kapitalerhaltungsvorschriften

Bereits das RG hatte auf Sinn und Zweck der Vorschriften über die Auf- 80
bringung und Erhaltung des Stammkapitals hingewiesen (Rz. 50), ein Gedanke, den der BGH im Zusammenhang mit der AG wieder aufgriff (Rz. 58) und sogar mit dem Verbot widersprüchlichen Verhaltens verband[255]. Der Abzug des Darlehen in der Krise vereitle das Ziel dieser Vorschriften. Diese Argumentation geht ersichtlich an der Sache vorbei. Die herangezogenen Vorschriften betreffen das satzungsmäßige Stammkapital und regeln dessen Schutz, beantworten aber nicht die Frage, was überhaupt als Haftkapital zu qualifizieren ist[256]; darüber kann nur die Satzung Auskunft geben[257]. Eine Anwendung der Vorschriften über die Kapitalerhaltung kann die Konsequenz der Umqualifizierung, nicht aber zugleich ihre Legitimation sein. Sie geben deshalb auch nichts für die Frage her, inwieweit rechtsformspezifische Unterschiede zwischen GmbH und AG berücksichtigt werden müssen (vgl. Rz. 58). Ganz fehl am Platze ist es schließlich, die §§ 30, 31 GmbHG mit einem Verstoß gegen das Verbot widersprüchlichen Verhaltens in Verbindung zu bringen[258].

[253] *Lutter/Hommelhoff*, ZGR **1979**, 31, 37.

[254] *Fleck*, GmbHR **1989**, 313, 321; *Lutter/Hommelhoff/Timm*, BB **1980**, 737, 739; *K. Schmidt*, GmbHR **1999**, 9, 12; *Vollmer/Maurer*, DB **1993**, 2315, 2317; *Vonnemann*, BB **1991**, 867.

[255] BGH, Urteil vom 27.9.1976, BGHZ **67**, 171, 175.

[256] *Koppensteiner*, AG **1998**, 308, 311; *Reiner*, FS für Boujong, 415, 426; vgl. auch *Ullrich*, GmbHR **1983**, 133, 142: Zirkelschluß.

[257] Vgl. auch *Schönle*, GmbHR **1960**, 63, 64.

[258] *Reiner*, FS für Boujong, 415, 424.

5. Materielle Unterkapitalisierung

81 Ausgangspunkt der Überlegungen des Gesetzgebers des § 32a GmbHG war das gerade bei der GmbH virulente Problem der materiellen Unterkapitalisierung (Rz. 59). Auch BGHZ **31**, 258 hat hier mit seinen Überlegungen begonnen (Rz. 55).

82 Dem Gesetzgeber ist darin zuzustimmen, daß die richtige Kapitalausstattung einer GmbH in Relation zu ihrem satzungsmäßigen Zweck nicht justitiabel ist, weil es einen allgemeingültigen Maßstab für diese Frage nicht gibt[259]. In der Praxis haben das die jahrelangen Probleme bei der Auslegung des früheren § 3 KVStG gezeigt[260], der die Gesellschaftssteuer für solche Gesellschafterdarlehen erhob, die als Ersatz für eine an sich gebotene Kapitalzuführung dienten. Eine Vorschrift dieser Art wäre auch nicht praktikabel, da der Geschäftsumfang im voraus nicht bestimmbar ist und sich der Kapitalbedarf ändern kann[261]. Das Erfordernis eines „richtigen" oder „angemessenen" Stammkapitals könnte zudem dazu führen, daß eine geplante Geschäftserweiterung an der Bereitschaft oder Fähigkeit zur Bereitstellung neuer Mittel scheitert; dann muß der Ge-

259 *Claussen*, AG **1985**, 173, 183 f.; *Claussen*, ZHR **147** (1983), 195, 206; *Drukarczyk*, FS für Schneider, 173; *Fabricius*, GmbHR **1970**, 137, 140; *v. Gerkan*, ZGR **1997**, 173, 176; *Immenga*, BB **1977**, 957, 960; *Kalter*, KTS **1970**, 267, 282; *Kamprad*, GmbHR **1969**, 168, 170; *Koppensteiner*, AG **1998**, 308, 311; *Lutter*, FS für Riesenfeld, 165, 169; *Lutter*, Probleme, 63, 76; *Messmer*, BB **1970**, 1057, 1064; K. *Müller*, ZRP **1975**, 101, 102; K. *Schmidt*, ZHR **147** (1983), 165, 166 m. w. N.; *Stimpel*, FS für Goerdeler, 601, 608; *Uhlenbruck*, GmbHR **1982**, 141, 147 Anm. 46; *Ulmer*, FS für Duden, 661, 670; *Vonnemann*, GmbHR **1992**, 77, 79 f.; *Wüst*, JZ **1985**, 817, 818; *Kamm*, Gesellschafterdarlehen, 38, 45; K. *Schmidt*, GesR, § 18 II 4 a); vgl. auch *Lutter/Hommelhoff*, ZGR **1979**, 31, 65; **a. A.** *Geßler*, GmbHR **1966**, 102, 108; zu den Problemen der Eigenkapitalausstattung eingehend *Büschgen*, GmbHR **1974**, 25, 49.

260 *Ballerstedt*, ZHR **135** (1972), 383, 392; *v. Caemmerer*, FS für Sanders, 17, 21 Anm. 17; *Geßler*, BB **1971**, 665, 667 f.; *Kamprad*, GmbHR **1969**, 168, 169; *Luckan/Schacht*, DB **1970**, 1449, 1455; *Messmer*, BB **1970**, 1057, 1058 ff.; K. *Müller*, ZRP **1975**, 101, 102; *Wassermeyer*, ZGR **1992**, 639; *Woeste*, GmbHR **1959**, 131; *Wüst*, Gläubigerschutz, 11 ff.; **a. A.** *Erlinghagen*, GmbHR **1962**, 169, 174: „durchaus praktikabel"; Arbeitskreis GmbH-Reform, 11, 18.

261 *Fabricius*, GmbHR **1970**, 137, 140; *Kamprad*, GmbHR **1969**, 168; vgl. *Erlinghagen*, FS für Kaufmann, 139, 144: zumindest Minimum an gebotenem Eigenkapital ist feststellbar.

schäftsumfang beschränkt bleiben[262]. Es wird auch nicht für möglich gehalten, die Höhe des Stammkapitals im laufenden Geschäftsgang zu kontrollieren[263] oder nachträglich zu berechnen, wenn die Gesellschaft schon in Konkurs gefallen ist[264]. Ein gleitendes Stammkapital würde ohne Rücksicht auf die Ursachen des Verlustes[265] eine Pflicht zur Verlustdekkung begründen und damit eine Nachschußpflicht bedeuten[266].

Das Problem der materiellen Unterkapitalisierung hat eine rechtliche und eine ökonomische Seite. In rechtlicher Hinsicht liegt das Problem in § 5 Abs. 1 GmbHG, der die Freistellung der Gesellschafter von der persönlichen Haftung für Gesellschaftsverbindlichkeiten allein mit der Aufbringung eines Mindestkapitals legitimiert, ohne dabei Rücksicht auf den beabsichtigten Zweck des Unternehmens zu nehmen[267]; diese Wertung bestätigt sich im Wege eines arg. e contrario[268] aus den §§ 10 KWG[269], 2 KAGG[270], 5 VAG[271]. Aus § 32a GmbHG, der erst im Insolvenzverfahren Anwendung findet und nur die sog. nominelle Unterkapitalisierung regelt[272], ergibt sich nichts anderes[273]. Wer eine Pflicht zu einer angemessenen Kapitalisierung oder ein Verbot einer eindeutig unzureichenden oder 83

262 *Geßler*, BB **1971**, 665, 668; *Geßler*, GmbHR **1966**, 102, 108; *Kamprad*, GmbHR **1969**, 168; *Lutter/Hommelhoff*, ZGR **1979**, 31, 61.

263 Begründung RegE GmbH-Novelle, BT-Drucksache 8/**1347**, 38; *Geßler*, GmbHR **1966**, 102, 108; *Stimpel*, FS für Goerdeler, 601, 609; *Wiedemann*, Haftung, 5, 21; a. A. *Erlinghagen*, FS für Kaufmann, 139, 144; *Wüst*, Gläubigerschutz, 14.

264 Begründung RegE GmbH-Novelle, BT-Drucksache, 8/**1347**, 39; *Geßler*, BB **1969**, 589, 591; *Geßler*, GmbHR **1966**, 102, 108; *Luckan/Schacht*, DB **1970**, 1449, 1456; a. A. *Erlinghagen*, FS für Kaufmann, 139, 144.

265 *Wiedemann*, Haftung, 5, 21.

266 *Sonnenberger*, NJW **1969**, 2033, 2034.

267 *Erlinghagen*, GmbHR **1962**, 169, 171; *Kamprad*, GmbHR **1969**, 168; *Reinhardt*, FS für Lehmann, 576, 591.

268 Vgl. *Ulmer*, FS für Duden, 661, 667; *Wiedemann*, FS für Beusch, 893, 908.

269 Gesetz über das Kreditwesen, Bekanntmachung der Neufassung vom 30.6.1993, BGBl. I, 1082.

270 Gesetz über Kapitalanlagegesellschaften (KAGG), Bekanntmachung der Neufassung vom 9.9.1998, BGBl. I, 2726.

271 Gesetz über die Beaufsichtigung der Versicherungsunternehmen (Versicherungsaufsichtsgesetz-VAG), Bekanntmachung der Neufassung vom 17.12.1992, BGBl. I, 2.

272 Grundlegend *Ulmer*, FS Duden, 661, 670.

273 Scholz/*Winter*, § 5 Rz. 18; *Vonnemann*, GmbHR **1992**, 77, 78 f.

völlig unangemessenen Kapitalausstattung fordert[274], widerspricht damit in klarer Weise § 5 GmbHG, der nur die Mindestanforderung für die Gründung festlegt[275]. Die Gründung einer materiell unterkapitalisierten Gesellschaft ist also erlaubt[276] und stellt keine Umgehung des § 13 Abs. 3 GmbHG dar[277]. Nach ganz h. M. besteht auch keine Befugnis des Registergerichts, die Angemessenheit der Kapitalausstattung zu prüfen[278]. Die gegenteilige Ansicht, die eine Ablehnung der Eintragung bei offensichtlicher Unterkapitalisierung befürwortet[279], ist nicht praktikabel, weil sich über kurz oder lang das ebensowenig lösbare Problem der Abgrenzung zwischen offensichtlichen und nicht offensichtlichen Fällen stellt[280]. Es

274 *Lutter/Hommelhoff*, § 5 Rz. 5; *Erlinghagen*, GmbHR **1962**, 169, 173; *Lutter*, Probleme, 63, 78; *Lutter/Hommelhoff*, ZGR **1979**, 31, 58; *Pleyer*, GmbHR **1960**, 43, 44; *Reinhardt*, FS für Lehmann, 576, 592; *Stimpel*, FS für Goerdeler, 601, 608; *Wiedemann*, Haftung, 5, 20; *Winkler*, BB **1969**, 1202, 1205; *Kamm*, Gesellschafterdarlehen, 158; Arbeitskreis GmbH-Reform, 11, 14 ff.; vgl. auch HK-*Bartl*, § 5 Rz. 4; *Fabricius*, GmbHR **1970**, 137, 143: Ausfallhaftung im Konkurs; *Geßler*, GmbHR **1966**, 102, 108: theoretisch möglich, aber nicht praktikabel; m. w. N. Scholz/*Winter*, § 5 Rz. 19; *Hommelhoff*, Handbuch, Rz. 2.12.

275 *Baumbach/Hueck*, § 5 Rz. 5; Hachenburg/*Ulmer*, Anh. § 30 Rz. 10; Meyer-Landrut/*Meyer-Landrut*, § 5 Rz. 8; *Roth/Altmeppen*, § 5 Rz. 11; Rowedder/*Rittner*, § 5 Rz. 9; Scholz/*Winter*, § 5 Rz. 18; *Ballerstedt*, GmbHR **1967**, 66, 69; *Claussen*, ZHR **147 (1983)**, 195, 206; *v. Gerkan*, ZGR **1997**, 173, 176; *Kamprad*, GmbHR **1969**, 168; *Koppensteiner*, AG **1998**, 308, 316; *Sonnenberger*, NJW **1969**, 2033, 2036; *Ulmer*, FS für Duden, 661, 667; *Verhoeven*, WM **1977**, 806, 810; *Vonnemann*, GmbHR **1992**, 77, 79 m. w. N.; *Kamprad*, Gesellschafterdarlehen, 62; *Hommelhoff*, Handbuch, Rz. 2.9; auf dem Symposium „Unternehmensfinanzierung und gesetzliches Garantiekapital in Europa“ am 4.7.1997 in Frankfurt/Main wurde sogar die gänzliche Aufgabe eines Garantiekapitals auch im deutschen Recht diskutiert; die dort gehaltenen Referate sind veröffentlicht in AG **1998**, 345 ff.

276 *Ballerstedt*, GmbHR **1967**, 66, 69; *Hofmann*, NJW **1966**, 1941, 1944; *Kamm*, Gesellschafterdarlehen, 56 f.

277 *Kamprad*, Gesellschafterdarlehen, 63.

278 *Baumbach/Hueck*, § 9c Rz. 4; HK-*Bartl*, § 5 Rz. 4; Meyer-Landrut/*Meyer/Landrut*, § 9c Rz. 8; *Roth/Altmeppen*, § 9c Rz. 4; *Rowedder/Rittner*, § 9c Rz. 18; Scholz/*Winter*, § 9c Rz. 36; anders, wenn die Gründung auf eine vorsätzliche sittenwidrige Schädigung angelegt ist: Rowedder/*Rittner*, § 9c Rz. 19; Scholz/*Winter*, § 5 Rz. 19, § 9c Rz. 36 m. w. N.; K. *Schmidt*, GesR, § 18 II 4 a).

279 Hachenburg/*Ulmer*, § 9c Rz. 31; *Raiser*, KapGesR, § 26 Rz. 32.

280 Rowedder/*Rittner*, § 9c Rz. 19; vgl. auch *Herber*, GmbHR **1978**, 25, 29.

281 Vgl. denkbare Anworten bei *Hommelhoff*, Handbuch, Rz. 2.31: Haftungsdurchgriff, Verbot völlig unzureichender Eigenkapitalausstattung, Verlustübernahmepflicht, prognostische Überschuldungsprüfung.

kommt hinzu, daß materielle Unterkapitalisierung nicht nur ein Gründungsproblem ist, sondern auch nachträglich eintreten kann. Wer bei anfänglicher Unterkapitalisierung von einem Eintragungshindernis ausgehen will, muß sich deshalb konsequenterweise zu einer entsprechenden Rechtsfolge durchringen, wenn sie erst nachträglich eintritt, z. B. einen Auflösungsgrund als Gegenstück zur Ablehnung der Eintragung annehmen. Im Ergebnis ist materielle Unterkapitalisierung ein gesetzlich zugelassener und deshalb hinzunehmender Mangel. Das daraus resultierende Rechtsproblem ist die richtige Behandlung einer vor dem Gesetz vollwertigen, aber finanziell zu schwach ausgestatteten und damit zur Insolvenz tendierenden GmbH; es geht um die Frage, ob und welche besonderen Rechtsfolgen notwendig sind, wenn eine GmbH in einer zwar rechtlich zulässigen, aber ökonomisch unvernünftigen Weise gegründet wird, werbend tätig ist und ihre Gläubiger das Nachsehen haben[281].

Von der Frage nach der rechtlichen Behandlung einer unterkapitalisierten 84
GmbH ist die ökonomische Seite des Problems zu trennen, die in der Ermittlung eines angemessenen Eigenkapitals durch eine abstrakte Regel besteht; da dies nicht möglich ist, hat sich der Gesetzgeber auf die unvollkommene Lösung des § 5 GmbHG beschränkt und von einer unterkapitalisierten Gründung kann nur in ganz offensichtlichen und eindeutigen Fällen[282] gesprochen werden, z. B. bei der Fluggesellschaft in Form einer GmbH, die lediglich mit dem gesetzlichen Mindestkapital von 25.000 Euro ausgestattet ist. Vor diesem Hintergrund mag es sogar überraschen, daß der Begriff der materiellen Unterkapitalisierung ein fester Bestandteil des Gesellschaftsrechts geworden ist.

282 *Erlinghagen*, GmbHR **1962**, 169, 174; *Koppensteiner*, AG **1989**, 308, 311 Anm. 35; *Stimpel*, FS für Goerdeler, 601, 608; *Ulmer*, FS für Duden, 661, 676; *Wüst*, JZ **1985**, 817 ff.; *Kamm*, Gesellschafterdarlehen, 45; *Wüst*, Gläubigerschutz, 12 f.; vgl. dementsprechend RG, Urteil vom 16.11.1937, JW **1938**, 862, 864: „viel zu gering"; BGH, Urteil vom 14.12.1959, BGHZ **31**, 258, 268: „völlig unzureichend".

85 Eigenkapitalersatzrecht und materielle Unterkapitalisierung müssen aber scharf voneinander getrennt werden[283], was auch der BGH klargestellt hat[284]; der Kapitalersatz kann beide Seiten des Problems materieller Unterkapitalisierung nicht lösen[285]. Für den gerade angesprochenen ökonomischen Gesichtspunkt ergibt sich das schon daraus, daß sich der eigenkapitalersetzende Charakter eines Gesellschafterdarlehens nicht nach der Unterkapitalisierung der Gesellschaft richtet, sondern nach dem normativen[286] Maßstab der Kreditunwürdigkeit[287], der sich in gesellschaftsbezogene[288] und kreditbezogene[289] Qualifikationsmerkmale unterteilen läßt; so kann der eigenkapitalersetzende Charakter z. B. auch dann vorliegen, wenn ein Kreditantrag wegen Mißmanagements oder Mißtrauens gegenüber der unternehmerischen Kompetenz der Geschäftsführung abgelehnt wurde[290]. Daran wird deutlich, daß § 32a GmbHG überhaupt keinen Maßstab für die Feststellung einer Unterkapitalisierung enthält, an dem sich die Umqualifizierung orientieren könnte[291]. Die Gesetzesbegründung zu diesem Punkt ist in sich widersprüchlich. Obwohl die Möglichkeit, den

283 Hachenburg/*Ulmer*, Anh. § 30 Rz. 21; Scholz/K. *Schmidt*, §§ 32a, 32b Rz. 3; *Altmeppen*, ZIP **1994**, 1939, 1940; *Altmeppen*, ZIP **1993**, 1677, 1682; *Herber*, GmbHR **1978**, 25, 29; *Koppensteiner*, AG **1998**, 308, 316; *Lutter*, FS für Riesenfeld, 165, 182 f.; *Lutter*, Probleme, 63, 78; *Lutter/Hommelhoff*, ZGR **1979**, 31, 66; *Menzel*, AG **1982**, 197; *Michalski/de Vries*, NZG **1999**, 181, 185; K. *Schmidt*, ZIP **1993**, 161, 164; K. *Schmidt*, ZIP **1990**, 69, 78; K. *Schmidt*, ZIP **1981**, 689, 690; K. *Schmidt*, NJW **1980**, 1769, 1772 f.; *Ulmer*, FS für Duden, 661, 669 ff.; *Vonnemann*, GmbHR **1992**, 77, 78 f.; *Vonnemann*, GmbHR **1989**, 145, 151; *Hommelhoff*, Handbuch, Rz. 2.31.

284 BGH, Urteil vom 27.9.1976, BGHZ **67**, 171, 177.

285 Deutlich K. *Schmidt*, ZIP **1990**, 69, 78.

286 *Ulmer*, GmbH-Recht, 55, 61.

287 *Vonnemann*, GmbHR **1989**, 145, 149.

288 *V. Gerkan*, Handbuch, Rz. 3.42 ff.

289 *V. Gerkan*, Handbuch, Rz. 3.61 ff.

290 *V. Gerkan*, Handbuch, Rz. 3.60.

291 Vgl. *Ballerstedt*, ZHR **135** (1972), 383, 391 f.: Gesellschafterdarlehen am Maßstab angemessener Eigenkapitalausstattung als Stammeinlage behandeln; *Geßler*, GmbHR **1966**, 102, 108: Gesellschafterdarlehen als individuelles Mindeststammkapital, soweit die Zuführung von Eigenkapital geboten war; *Hofmann*, AG **1969**, 337, 339: das Problem, wann eine Unterkapitalisierung vorliegt, bleibt ungelöst; *Kalter*, KTS **1970**, 267, 281: aus der Höhe der Darlehensgewährung läßt sich nicht auf das Maß der Unterkapitalisierung schließen; *Winkler*, BB **1969**, 1202, 1206: Gesellschafterdarlehen nimmt nur in Höhe des angemessenen Stammkapitals Eigenkapitalsfunktion wahr; Arbeitskreis GmbH-Reform, 11, 15: Gesellschafterdarlehen erfassen die Unterkapitalisierung nicht insgesamt.

Betrag des fehlenden Eigenkapitals festzustellen, nicht von der Vergabe der Gesellschafterhilfe abhängen kann[292], geht sie davon aus, daß die Unterkapitalisierung zwar nicht bestimmbar sei, sich dieser Umstand aber ändere, wenn der Gesellschaft tatsächlich Kapital zugeführt wird (Rz. 60). Diese Argumentation kann bestenfalls nur so verstanden werden, daß das gesamte Darlehen als bewußt pauschalierender Ausgleich in der Krise dienen soll[293]; dem entspricht es, daß die §§ 32a, 32b GmbHG nach h. M. eine Aufteilung des Darlehens in einen kapitalersetzenden und nicht kapitalersetzenden Teil nicht zulassen[294]. Die Rechtsprechungsregeln des BGH beschränken sich durch die Anwendung der §§ 30, 31 GmbHG in ihrer Wirkung von vornherein darauf, leeres Stammkapital wieder aufzufüllen, so daß es bei ihnen noch eindeutiger nicht um eine „Unterkapitalisierungsrechtsprechung"[295] geht. Vereinzelt anzutreffende Aussagen, umqualifizierte Gesellschafterdarlehen wirkten materieller Unterkapitalisierung entgegen[296] oder die Umqualifizierung sei die zeitlich nachfolgende Sanktion der Rechtsordnung gegen ungenügende Kapitali-

292 *Luckan/Schacht*, DB **1970**, 1449, 1456; K. *Müller*, ZRP **1975**, 101 f.; *Vonnemann*, GmbHR **1989**, 145, 151.

293 Vgl. *Hofmann*, AG **1969**, 337, 339: das Gesetz erleichtert dem Richter die Entscheidung im Wege der Vermutung; *Immenga*, BB **1977**, 957, 960: starke Vermutung, daß das gesamte Darlehen kapitalersetzenden Charakter hat; *Lutter*, Probleme, 63, 76 f.: gegebene Darlehen als tatsächlicher Maßstab; *Wiedemann*, FS für Beusch, 893, 902: Verlust des tatsächlich erbrachten Vermögensopfers eher zumutbar als angemessene Kapitalausstattung; *Wiedemann*, Haftung, 5, 32: widerlegbare Vermutung, daß das Darlehen wirtschaftlich Eigenkapital ist; *Immenga*, Kapitalgesellschaft, 422: Nachordnung nicht nur, soweit das Darlehen tatsächlich kapitalersetzenden Charakter hat.

294 *Baumbach/Hueck*, § 32a Rz. 48; Hachenburg/*Ulmer*, § 32a, b Rz. 51; *Lutter/Hommelhoff*, §§ 32a/b Rz. 91; Scholz/K. *Schmidt*, §§ 32a, 32b Rz. 53; *v. Gerkan*, Handbuch, Rz. 3.85; Münchener Handbuch Band III/*Rümker*, § 53 Rz. 41; **a. A.** *Roth/Altmeppen*, § 32a Rz. 16; *Gersch/Herget/Marsch/Stützle*, GmbH-Reform 1980, Rz. 249; vgl. auch *Kreuzer*, DB **1978**, 825, 827.

295 *Menzel*, AG **1982**, 197; *Rümker*, ZIP **1982**, 1385, 1386; K. *Schmidt*, ZGR **1980**, 567, 576; vgl. auch *Ullrich*, GmbHR **1983**, 133, 141.

296 *Lutter/Hommelhoff*, ZGR **1979**, 31, 64; *Michalski/de Vries*, NZG **1999**, 181, 182; *Roth*, ZGR **1993**, 170, 189; *Verhoeven*, WM **1977**, 806, 809; *Wüst*, JZ **1985**, 817, 821; vgl. auch *Roth/Altmeppen*, § 5 Rz. 12.

sierung[297], werden dem ökonomischen Problem der materiellen Unterkapitalisierung deswegen nicht in vollem Umfang gerecht[298].

86 Aber auch das Rechtsproblem, nämlich die Antwort auf die allgemeine Frage nach der richtigen Behandlung von materiell unterkapitalisierten Gesellschaften (Rz. 83), löst der Eigenkapitalersatz nicht. Zunächst setzen die Regeln über eigenkapitalersetzende Darlehen voraus, daß tatsächlich eine Hilfe vergeben wurde. Wer eine Lösung des Problems von diesem Umstand abhängig machen will, muß auf andere Wege ausweichen, wenn es dazu nicht gekommen ist. Das ist nicht systemgerecht, weil die Ursache materieller Unterkapitalisierung nicht in der Annahme einer Hilfe aus der Hand des Gesellschafters, sondern eben im fehlenden Eigenkapital liegt. Die §§ 32a, 32b GmbHG setzen zusätzlich ein Insolvenzverfahren voraus; der Kampf gegen eine unterkapitalisierte Gesellschaft kann aber auch nicht von dem zufälligen Umstand abhängen, ob für eine Eröffnung des Insolvenzverfahrens noch genügend Masse vorhanden ist oder nicht. Die aus den §§ 30, 31 GmbHG abgeleiteten Regeln des BGH bewirken die Umqualifizierung zwar bereits vor Eröffnung des Insolvenzverfahrens und greifen auch dann ein, wenn die Eröffnung des Insolvenzverfahrens abgelehnt wurde; hier stellt sich aber das Problem, daß die Umqualifizierung nur dem Gläubiger nützt, der von der Krise der Gesellschaft und von der Identität des kreditgebenden Gesellschafters Kenntnis erlangt hat und rechtzeitig in das Gesellschaftsvermögen vollstrecken kann, indem er mit einem zuvor erstrittenen Titel entweder noch vorhandene Darlehensvaluta oder den Rückzahlungsanspruch gegen den Gesellschafter pfändet (Rz. 109). Auch hier hängt es also wieder vom Zufall ab, welcher der Gläubiger noch Befriedigung findet. Schließlich berücksichtigt der Eigenkapitalersatz nicht die Ursache der Krise bzw. Insolvenz[299]. Zwischen materieller Unterkapitalisierung und einer Krise bzw. Insolvenzreife kann ein Ursachenzusammenhang bestehen, zwingend ist das aber nicht[300].

297 *Wüst*, Gläubigerschutz, 17.

298 *Fabricius*, GmbHR **1970**, 137, 140: § 32a GmbHG führt nur in begrenztem Umfang zu einer nachträglichen Feststellung des erforderlichen Stammkapitals; vgl. auch Hachenburg/*Ulmer*, Anh. § 30 Rz. 57.

299 Vgl. auch *Messmer*, BB **1970**, 1057, 1065 f.

300 *Erlinghagen*, FS für Kaufmann, 139, 148; K. *Müller*, ZRP **1975**, 101, 102 f. hält es für zweifelhaft, ob die Unterkapitalisierung als Ansatzpunkt einer Inanspruchnahme der Gesellschafter gerechtfertigt ist; erforderlich sei eine Regel, die generell die Gefahr eliminiert, im Wirtschaftsleben Gesellschaften vorzufinden, bei denen die Befriedigung der

Zwar werden die Voraussetzungen für den Kapitalersatz bei unterkapitalisierten Gesellschaften tendenziell eher vorliegen als bei solchen, die richtig finanziert sind, aber die Krise einer Gesellschaft kann auch Ursachen haben, die nicht auf Unterkapitalisierung zurückzuführen sind, z. B. plötzlicher Nachfragemangel nach den vertriebenen Produkten oder angebotenen Dienstleistungen, z. B. weil eine bessere Neuheit auf dem Markt gekommen ist oder sich einfach nur der Trend geändert hat; gezielter Verdrängungswettbewerb, z. B. durch Kartellbildungen, der überhaupt nicht oder nicht wirksam bekämpft wird; Schädigung durch ausspionierte oder verratene Betriebsgeheimnisse; rechtmäßiger Wettbewerb, gegen den die Gesellschaft nicht ankommt; unfähiges Management, Vetternwirtschaft; große Schäden, die „über Nacht" eintreten, z. B. die Zerstörung von Betriebsstätten oder Kundendateien durch Naturkatastrophen oder Sabotageanschläge, für die keine Vorsorge z. B. in Form von Rücklagen oder den Abschluß entsprechender Versicherungen getroffen wurde. Ist eine Gesellschaft offensichtlich richtig kapitalisiert, aber aus solchen anderen Gründen in die Krise gefallen und wird ihr dann mit Gesellschafterdarlehen ausgeholfen, müßte von der Umqualifizierung abgesehen werden, wäre der Kapitalersatz ein Instrument gegen materielle Unterkapitalisierung. Gerade das ist jedoch nicht der Fall.

6. Abwälzung des Finanzierungsrisikos

Das Stichwort der Abwälzung des Finanzierungsrisikos (Rz. 49, 55, 60, 62) läßt sich in zwei verschiedene Sachverhalte trennen. 87

a) Vermeidung

Durch die Gabe von Fremdkapital entgeht der Gesellschafter zunächst den typischen Risiken, die mit einem Nachschuß von Eigenkapital verbunden sind[301]. Eigenkapital ist gebundenes Kapital und damit einer freien Kreditkündigung entzogen; als haftendes Kapital kann es im Insolvenzverfahren nicht geltend gemacht werden[302]. 88

Gläubiger nicht gewährleistet ist; vgl. auch *Wiedemann*, Haftung, 5, 21, der ein gleitendes Stammkapital u. a. mit dem Argument ablehnt, dadurch würde eine Verlustdeckungspflicht ohne Rücksicht auf die Ursache der Verluste begründet.

301 *Lutter/Hommelhoff*, ZGR **1979**, 31, 33.

302 K. *Schmidt*, GesR, § 18 II 2 a).

b) Abwälzung

89 Die Vermeidung des Verlustrisikos soll eine Abwälzung des Finanzierungsrisikos zur Folge haben, weil der Gesellschafter seine Forderungen zu Lasten der Drittgläubiger geltend machen kann, die im Insolvenzverfahren Gefahr laufen, durch Verminderung der Quote geschädigt zu werden (Rz. 100). Dieses Argument setzt allerdings stillschweigend voraus, daß das Risiko einer Sanierung durch Fremdkapital an sich vom Gesellschafter getragen werden muß; nur dann kann von „Abwälzung" gesprochen werden. Dem steht bereits entgegen, daß der Gesellschafter zum Nachschuß nicht verpflichtet ist; aufgrund seiner Finanzierungsfreiheit entgeht er zwar den Folgen, die Haftkapital anhaften, aber das sind keine Risiken, die er von Gesetzes wegen tragen müßte[303]. Dagegen wird vorgebracht, es handele sich bei der Gesellschaft um die „wirtschaftliche Veranstaltung" des Gesellschafters, dem der wirtschaftliche Erfolg zukommt[304] und dem eine erfolgreiche Sanierung in Aussicht stellt, daß seine entwertete Einlage wieder werthaltig wird[305]. Dadurch habe der Gesellschafter einen „Doppelvorteil", einerseits das geringe Kreditrisiko, andererseits die Rettung des eingesetzten Kapitals und des damit verbundenen Gewinnpotentials. An dieser Sichtweise läßt sich kritisieren, daß im Krisenfall nicht nur die Einlage des Gesellschafters, sondern auch die Forderungen der Drittgläubiger weitgehend entwertet sind. Das Argument des Doppelvorteils ist also nicht auf den Gesellschafter beschränkt, weil auch ein Drittgläubiger, der in dieser Situation mit einem Darlehen aushilft, sich nur deshalb in dieser Weise engagiert, weil er seine Verbindlichkeiten retten will[306]. Jeder Darlehensgeber in der Krise, gleichgültig ob Gesellschafter oder Drittgläubiger, geht für die Rettung der Gesellschaft das gleiche Kreditrisiko[307] ein, um den Verlust der Beteiligung oder der Altverbindlichkeiten zu vermeiden. Gelingt die Sanierung nicht, verliert jeder seine alten Werte und den Kredit; gelingt die Sanierung, kommt der

303 *Fastrich*, FS für Zöllner, 143, 147; *Koppensteiner*, AG **1998**, 308, 313; *Luckan/Schacht*, DB **1970**, 1449, 1453; *Sonnenberger*, NJW **1969**, 2033, 2036; *Vonnemann*, GmbHR **1989**, 145, 149.

304 *Pentz*, GmbHR **1999**, 437, 441.

305 *Menzel*, AG **1982**, 197, 203.

306 *Koppensteiner*, AG **1998**, 309, 314.

307 *Erlinghagen*, FS für Kaufmann, 139, 148 f.; *Fastrich*, FS für Zöllner, 143, 147; *Luckan/Schacht*, DB **1970**, 1449, 1453; K. *Müller*, ZRP **1975**, 101.

Erfolg allen zugute[308]. Ist es allein der Gesellschafter, der in der Krise Fremdkapital gibt, während die anderen Gläubiger untätig bleiben, steht für den Gesellschafter neben seiner Beteiligung auch der Kredit auf dem Spiel, so daß er sich in diesem Fall in die Gefahr eines „Doppelnachteils"[309] begibt; die Umqualifizierung stellt ihn dann schlechter als den Gesellschafter, der den Untergang still geschehen läßt[310].

Eine andere Beurteilung wäre gerechtfertigt, wenn der Gesellschafter bei der Kreditvergabe selbst ein geringeres Risiko einginge als ein Außenstehender, das darin bestehen kann, daß der Gesellschafter seine Nähe zur Gesellschaft ausnutzt und die Mittel vor dem endgültigen Zusammenbruch der Gesellschaft rechtzeitig abzieht (vgl. Rz. 135). Diese Vorgehensweise hat aber viele Voraussetzungen, wenn sie zum Erfolg führen soll: Die Gesellschaft muß zahlungsfähig sein, der Geschäftsführer sich zur vorzeitigen Rückzahlung bereit erklären und die Valuta müssen tatsächlich zurückgezahlt werden. Der Plan ist also mit vielen Unwägbarkeiten verbunden, unabhängig davon, ob die Beteiligten ein derartiges Vorhaben von Anfang abgesprochen haben oder spontan durchführen. In jedem Fall liegt in seiner Durchführung ein kollusives Verhalten, das zur Schadensersatzpflicht (§ 826 BGB) gegenüber geschädigten Drittgläubigern führt[311]. Die Aufgabe des Kapitalersatzes besteht aber nicht darin, außenstehende Drittgläubiger vor kollusivem Verhalten zu beschützen; sein Anwendungsbereich ist gerade dadurch gekennzeichnet, daß er bereits unterhalb der Schwelle der §§ 138, 826 BGB eingreift (Rz. 63). 90

7. Finanzierungsverantwortung

Der Begriff der Finanzierungsverantwortung taucht in der Rspr. verhältnismäßig spät auf (Rz. 27), wenn man bedenkt, wie alt er der Sache nach 91

308 *Erlinghagen*, FS für Kaufmann, 139, 149; *Koppensteiner*, AG **1998**, 308, 314; *Rümker*, ZIP **1982**, 1385, 1393; Harm Peter *Westermann*, ZIP **1982**, 379, 390; vgl. auch K. *Müller*, ZRP **1975**, 101, 102; kritisch auch *Uhlenbruck*, GmbHR **1982**, 141, 148 f.

309 *Koppensteiner*, AG **1998**, 308, 314.

310 *Claussen*, ZHR **147** (1983), 195, 204; *Gebhard*, DB **1984**, 1385, 1387; *Grunewald*, GmbHR **1997**, 7, 9; *Lutter/Hommelhoff*, ZGR **1979**, 31, 57; vgl. auch *Rümker*, ZIP **1982**, 1385, 1393; Harm Peter *Westermann*, ZIP **1982**, 379, 390; *Haas*, Geschäftsführerhaftung, 64; kritisch *Fleck*, FS für Werner, 107, 109 f.

311 Vgl. *Luckan/Schacht*, DB **1970**, 1449, 1454.

ist[312]; mittlerweile bildet er den Abschluß in der Diskussion um den Eigenkapitalersatz[313]. Der Gesetzgeber hat sich diese Formulierung erstmals bei Erlaß des KapAEG zunutze gemacht (Rz. 62). Das Problem bei ihrer Verwendung besteht darin, daß unklar ist, welchen Inhalt diese Verantwortung haben soll, denn der Begriff allein sagt nichts aus[314]. Das wurde besonders an dem sich an BGHZ **90**, 381 entzündeten Streit deutlich, ob die Beteiligungsschwelle von 25% in der AG auch auf die GmbH übertragen werden muß (Rz. 40).

a) BGH

92 Unter Berufung auf Karsten *Schmidt* und Peter *Ulmer*[315] hat der BGH die Finanzierungsverantwortung mit dem Erfordernis einer ordnungsgemäßen Unternehmensfinanzierung begründet. Der Gesellschafter sei zwar nicht verpflichtet, in der Krise einen Nachschuß zu leisten oder überhaupt sanierend aktiv zu werden; entschließe er sich aber zur Weiterfinanzierung, sei er für die ordnungsgemäße Finanzierung der Gesellschaft in der Form verantwortlich, daß er aus der Fremdfinanzierung keinen Vorteil ziehen dürfe. Daran ist zu kritisieren, daß sich nach dem Stand der Betriebswirtschaftslehre solche Regeln nicht formulieren lassen[316] und es sie dementsprechend auch nicht in rechtlich verbindlicher Form gibt, auf die sich ein Pflichtverstoß der Gesellschafter stützen ließe[317]; auch ein klar

312 Vgl. *Hommelhoff/Kleindiek*, FS 100 Jahre GmbHG, 421, 426 in Bericht über die 4. Sitzung des Ausschusses für GmbH-Recht der Akademie für Deutsches Recht im Februar 1938.

313 *Lutter/Hommelhoff*, §§ 32a/b Rz. 3; Scholz/K. *Schmidt*, §§ 32a, 32b Rz. 4; *Fastrich*, FS für Zöllner, 143; *Habersack*, ZHR **162** (1998), 201, 203; *Habersack*, ZHR **161** (1997), 457, 467 f. m. w. N.; *Priester*, FS für Helmrich, 721, 729.

314 Zutreffend *Grunewald*, FS für Großfeld, 319, 329; *Haas*, Geschäftsführerhaftung, 64; vgl. auch *Dauner-Lieb*, DStR **1998**, 609, 613; *Koller*, FS für Heinsius, 357, 372; *Wiedemann*, FS für Beusch, 893, 909.

315 BGH, Urteil vom 26.3.1984, BGHZ **90**, 381, 389; vgl. auch Scholz/K. *Schmidt*, §§ 32a, 32b Rz. 5; K. *Schmidt*, ZHR **147** (1983), 165, 178; K. *Schmidt*, GesR, § 18 III 4 b).

316 Meyer-Landrut/*Meyer-Landrut*, § 32a Rz. 3; eingehend *Claussen*, AG **1985**, 173, 183 f.

317 *Claussen*, AG **1985**, 173, 184; *Grunewald*, GmbHR **1997**, 7, 9; *Koppensteiner*, AG **1998**, 309, 313; *Reiner*, FS für Boujong, 415, 422.

abgegrenztes Sanierungsrecht gibt es nicht[318]. Wäre es anders, müßte man z. B. das Problem der materiellen Unterkapitalisierung als gelöst ansehen müssen[319]. Fest stehen lediglich die negativen Eckpunkte, daß die Finanzierungsverantwortung keine Pflicht zur angemessenen Kapitalausstattung über das Mindeststammkapital hinaus, keine Nachschußpflicht und keine Pflicht des Gesellschafters begründet, in der Krise überhaupt tätig zu werden. Zwar wird man § 32a GmbHG im Ergebnis eine auf den Krisenzeitraum beschränkte Finanzierungsregel des Inhalts entnehmen müssen, daß in der Krise Fremdkapital aus der Hand des Gesellschafters eben nicht akzeptiert wird[320], aber das sagt nichts darüber aus, warum und wie man zu dieser Wertung kommt (Rz. 45). Die Formulierung des BGH, der Gesellschafter werde zwar nicht aktiv in die Pflicht genommen, sondern sei in der Weise verantwortlich, daß er nicht auf die „ihm weniger riskant erscheinende Finanzierungsform"[321] ausweichen dürfe, beweist, daß sich der Inhalt der Finanzierungsverantwortung darin erschöpft, die Umqualifizierung dulden zu müssen[322].

b) KapAEG

Die Gesetzesbegründung des KapAEG führt die Finanzierungsverant- 93
wortung im Stile einer Legaldefinition auf die „mitunternehmerische Verantwortung"[323] i. S. v. Einflußmöglichkeiten auf die Gesellschaft zurück[324]. Darin liegt eine Abkehr von der Auffassung des BGH in BGHZ **90**, 381 (Rz. 42) und damit auch von den Erwägungen des Gesetzgebers

318 *Claussen*, ZHR **147** (1983), 195, 197; vgl. auch *Lutter/Hommelhoff/Timm*, BB **1980**, 737, 739.

319 Vgl. auch *Vonnemann*, GmbHR **1989**, 145, 149; *Haas*, Geschäftsführerhaftung, 64.

320 *Bäcker*, ZIP **1989**, 681, 685; *Lutter*, FS für Riesenfeld, 165, 181: keine allgemeine Finanzierungsregel, sondern nur für Gesellschaften in der Krise; K. *Schmidt*, GesR, § 18 II 5, zufolge gibt es zumindest Finanzierungsregeln, die im Einzelfall Beachtung verdienen; vgl. aber *Claussen*, AG **1985**, 173, 184, zu den Rechtsprechungsregeln: bieten keine Anhaltspunkte für eine Verrechtlichung des Verhältnisses von Eigenkapital zu Fremdmitteln.

321 BGH, Urteil vom 26.3.1984, BGHZ **90**, 381, 389.

322 Vgl. K. *Müller*, GmbHR **1982**, 33, 34, 40: Das maßgebliche Verhaltenspostulat kann bereits aus der in § 32a GmbHG normierten Rechtsfolge deduziert werden; Münchener Handbuch Band III/*Rümker*, § 53 Rz. 4.

323 Begründung RegE KapAEG, BT-Drucksache 13/**7141**, 11.

324 Begründung RegE KapAEG, BT-Drucksache 13/**7141**, 12.

der GmbH-Novelle von 1980 (Rz. 61), ohne daß dies kenntlich gemacht worden wäre; auf die Verpflichtung zur ordnungsgemäßen Finanzierung der Gesellschaft, mit der BGHZ **90**, 381 die Finanzierungsverantwortung begründet hatte (Rz. 92), ist in der Begründung zum KapAEG kein Hinweis mehr enthalten. Zweitens erhebt der Gesetzgeber mit dieser Argumentation das Erfordernis einer unternehmerischen Beteiligung von der Stufe einer aktienrechtlichen Besonderheit auf die einer auch in der GmbH geltenden Anwendungsvoraussetzung und schließt sich damit der literarischen Mindermeinung an, die sich im Anschluß an BGHZ **90**, 381 entwickelt hatte (Rz. 40); die Verbindung zwischen dem Einfluß des Gesellschafters in der Gesellschaft und den Rechtsfolgen des Kapitalersatzes wird nicht näher begründet. Diese mißliche Entwicklung ist letztlich das Ergebnis der Entscheidung BGHZ **90**, 381, in der alle bis dahin angestellten Begründungen für den Kapitalersatz unter dem bloßen Stichwort der Finanzierungsverantwortung zusammengefaßt wurden (Rz. 27). Das eröffnete dem Gesetzgeber des KapAEG die Möglichkeit, die Begründung für den Kapitalersatz mit Erwägungen auszukleiden, die ihm gleichzeitig die Begründung der Ausnahme des § 32 Abs. 3 Satz 2 GmbHG erlauben. Die Gesetzesbegründung zum KapAEG enthält damit hinsichtlich der Finanzierungsverantwortung und für die ratio des Eigenkapitalersatzes keinen Fortschritt, sondern sorgt nur für weitere Verwirrung.

c) Finanzierungsfolgenverantwortung

94 Seit der Entscheidung BGHZ **127**, 336, 345[325] spricht der BGH nicht mehr von Finanzierungsverantwortung, sondern von Finanzierungsfolgenverantwortung. Im Schrifttum besteht Einigkeit darin, daß mit diesem Begriff keine Änderung in der Sache verbunden ist, sondern lediglich klar gestellt werden soll, daß der Gesellschafter nur die Folgen der Fremdfinanzierung tragen muß, aber keiner besonderen Verantwortung unterliegt[326]. Auch diese terminologische Verfeinerung enthält damit keinen Erkenntnisgewinn, sondern bestätigt nur, daß sich der Begriff in der Beschreibung der Rechtsfolgen des Kapitalersatzes erschöpft (Rz. 92).

325 BGH, Urteil vom 7.11.1994.

326 *Altmeppen*, ZIP **1994**, 1939, 1940; *v. Gerkan*, ZGR **1997**, 173, 177; *Habersack*, ZHR **162** (1998), 201, 204; *Pentz*, BB **1997**, 1265, 1268.

d) Ergebnis

Im Ergebnis besagen die Begriffe der Finanzierungsverantwortung und der Finanzierungsfolgenverantwortung nur, daß der Gesellschafter die Rechtsfolgen des Eigenkapitalersatzrechts dulden muß, haben aber keinen rechtlichen Gehalt[327]. 95

IV. Ergebnis

In rechtstechnischer Hinsicht enthalten Rechtsprechung und Gesetzgebung zwei grundverschiedene Ansätze: Der eine besteht darin, dem Gesellschafter die Geltendmachung des Kredits im Wege einer Einrede zu verwehren; so die Einrede der Arglist aus § 826 BGB (RG) und die Einwendung aus § 242 BGB (RG, BGH). Der andere Ansatz hat eine ganz andere Richtung, indem er dem Gesellschafter im Wege der Finanzierungs- bzw. Finanzierungsfolgenverantwortung für den Fall die positive Pflicht auferlegt, der Gesellschaft lediglich Eigenkapital zuzuführen, wenn er sich zur Weiterfinanzierung entschließt. Darin kommen zwei unterschiedliche Begründungsrichtungen des Kapitalersatzes zum Ausdruck. Mit den Argumenten, auf die die Einreden aus den §§ 826, 242 BGB gestützt werden (Rz. 63-90), wird auf den Schutz außenstehender Gläubiger abgezielt. Dagegen liegt der Akzent der Finanzierungsverantwortung (Rz. 91-95) auch auf dem Verhältnis zwischen dem Gesellschafter und der Gesellschaft; dieses Verhältnis ist nach der Ansicht des BGH durch das Erfordernis der ordnungsgemäßen Finanzierung der Gesellschaft, nach Ansicht der Gesetzesbegründung des KapAEG zu § 32a Abs. 3 Satz 2 GmbHG zusätzlich durch die unternehmerische Stellung des Gesellschafters gekennzeichnet. In materieller Hinsicht lassen sich die Überlegungen sowohl der einen als auch der anderen Begründungsrichtung 96

327 *Roth/Altmeppen*, § 32a Rz. 9; *Altmeppen*, ZIP **1996**, 1455; *Altmeppen*, ZIP **1993**, 1677, 1682 Anm. 49; *Fastrich*, FS für Zöllner, 143, 147; *Grunewald*, FS für Großfeld, 319, 328; *Grunewald*, GmbHR **1997**, 7, 9; *Karollus*, FS für Claussen, 199, 201; *Karollus*, ZIP **1996**, 1893, 1894; *Koppensteiner*, AG **1998**, 308, 313; *Reiner*, FS für Boujong, 415, 422.

bezweifeln[328]. Uneingeschränkt zutreffend ist nur die Feststellung, daß der Gesellschafter durch die Gabe von Fremdkapital den Risiken entgeht, die mit Eigenkapital verbunden sind (Rz. 88).

V. Folgerungen

97 Sind schon die einzelnen Argumente nicht überzeugend, die zur Begründung des Kapitalersatzes herangezogen werden, fällt es um so schwerer, die ratio einer Vorschrift zu bestimmen, die von einem schlecht begründeten Grundsatz eine Ausnahme zuläßt. In Hinblick auf die Argumente, die den Schutz außenstehender Gläubiger im Visier haben, ergibt sich das Problem, daß die Beteiligungsschwelle des § 32a Abs. 3 Satz 2 GmbHG allein an das Verhältnis des Gesellschafters zur Gesellschaft anknüpft, es aus Gläubigersicht aber keine Rolle spielt, wie hoch der helfende Gesellschafter am Unternehmen beteiligt ist. Demgegenüber ist zwischen § 32a Abs. 3 Satz 2 GmbHG und der Finanzierungsverantwortung zwar insoweit ein Gleichlauf zu verzeichnen, als beide an das Verhältnis zwischen Gesellschaft und Gesellschafter anknüpfen. Die Finanzierungsverantwortung nach der Version des BGH erschöpft sich aber gerade darin, jedem Gesellschafter die Rechtsfolgen des Kapitalersatzes aufzuerlegen und steht zu § 32a Abs. 3 Satz 2 GmbHG damit in einem unüberbrückbaren Widerspruch; daß auch die Rechtsprechung zur AG diesen Widerspruch nicht auflösen kann, wurde bereits dargelegt (Rz. 42). Die Version der Finanzierungsverantwortung nach dem KapAEG beruht nicht nur subjektiv auf einem Mißverständnis von BGHZ **90**, 381, sondern enthält sich vor allem objektiv einer Begründung dafür, wo die Verbindung zwischen unternehmerischem Einfluß und der Umqualifizierung bestehen soll. Im Ergebnis lassen sich weder den herkömmlichen Erwägungen der Rechtsprechung noch den Gesetzesbegründungen Anhaltspunkte für die ratio des § 32a Abs. 3 Satz 2 GmbHG entnehmen. Im folgenden wird deshalb ein umgekehrter Ansatz verfolgt. Statt historisch aus der Sicht der Rechtsprechung und Gesetzgebung zu fragen, welche Erwägungen zur Entstehung des Eigenkapitalersatzrechts geführt haben, wird der Kapita-

[328] Das Eigenkapitalersatzrecht vollständig ablehnend *Grunewald*, GmbHR **1997**, 7 ff.; *Koppensteiner*, AG **1998**, 308 ff.; *Reiner*, FS für Boujong, 415, 453 ff.; vgl. auch *Fastrich*, FS für Zöllner, 143, 158 f.

lersatz im folgenden mit all seinen Begründungsschwächen so akzepiert, wie er heute gilt (Rz. 2). Das ermöglicht es, den Blick ausschließlich auf die objektiven Wirkungen zu richten, die der Kapitalersatz auf Gesellschafterhilfen hat, um allein aus ihnen auf eine objektive ratio des Kapitalersatzes zu schließen.

§ 5 Die objektive ratio des Eigenkapitalersatzrechts

I. Negative Folgen von Gesellschafterdarlehen

1. Fremdfinanzierung

98 Das Eigenkapitalersatzrecht ist ein Problem der Fremdfinanzierung. Da die Vermögensmasse der Gesellschafter von der „ihrer" Gesellschaft getrennt ist, ergibt sich für die Gesellschaft die Möglichkeit, sich nicht nur mit dem Haftkapital der eigenen Gesellschafter und Fremdkapital Außenstehender, sondern auch mit Fremdkapital aus der Hand der Gesellschafter zu versorgen. Oft wird zur Gründung nur das gesetzliche Mindeststammkapital eingezahlt und die eigentlich benötigten Mittel durch Darlehen beschafft. Diese Vorgehensweise ist zulässig; es gilt der Grundsatz der Finanzierungsfreiheit (Rz. 40). Fremdfinanzierung unterliegt keinem Unwerturteil, sondern ist „rechtlich neutral"[329], auch wenn sie wegen des niedrigen Mindeststammkapitals geradezu herausgefordert wird[330]. Neben der Selbstfinanzierung ist sie deshalb ganz unbestritten als zweite Möglichkeit der Unternehmensfinanzierung anerkannt[331]. Aus der Existenz des § 32a GmbHG läßt sich sogar der Schluß ziehen, daß das Gesetz die

329 *Wiedemann*, Haftung, 5, 26.

330 *Ballerstedt*, ZHR **135** (1972), 383, 391.

331 Begründung RegE GmbH-Novelle, BT-Drucksache, 8/1347, 39; *v. Caemmerer*, FS für Sanders, 17, 20; *Hofmann*, NJW **1966**, 1941; *Klausing*, ZAkDR **1939**, 79; *Lutter*, FS für Riesenfeld, 165, 182; K. *Schmidt*, JZ **1985**, 301, 304; K. *Schmidt*, ZHR **147** (1983), 165, 166; *Verhoeven*, WM **1977**, 806, 810; *Kamm*, Gesellschafterdarlehen, 35 f.; K. *Schmidt*, GesR, § 18 II 3 a).

Kapitalzufuhr durch den Gesellschafter grundsätzlich billigt und nur im Krisenfall mit dem Risiko der Umqualifizierung belegen will[332].

2. Vorteile

99 Fremdfinanzierung bietet sowohl der Gesellschaft als auch dem Gesellschafter Vorteile[333]: Die Gesellschaft erhält auf unkomplizierte Weise frisches Kapital, ohne daß erst der für eine Kapitalerhöhung erforderliche Gesellschafterbeschluß mit qualifizierter Mehrheit (§ 53 Abs. 2 GmbHG) herbeigeführt werden muß. Der Gesellschafter entgeht den Risiken, die mit Eigenkapital verbunden sind (Rz. 88) und kann die Valuta prinzipiell zurückverlangen.

3. Gefahren

100 Nachteile der Fremdfinanzierung treffen nur den Gläubiger. Steckt die Gesellschaft in der Krise und wäre zur Gesundung ein umfassendes Sanierungsprogramm notwendig, das nicht allein in der Gabe von Fremdkapital besteht, sondern weitere Maßnahmen erfordern würde, wie z. B. den Nachschuß echten Eigenkapitals oder einen Austausch der Führungskräfte[334], wird die Hilfe des Gesellschafters allein oft nur fehlende Liquidität beheben können, aber nicht ausreichen, um der Gesellschaft nachhaltig wieder auf die Füße zu helfen. Dann endet das Unternehmen doch im Insolvenzverfahren bzw. in der Liquidation, wenn die Eröffnung mangels Masse abgelehnt wurde. In diesem Fall können die Gesellschaftsgläubiger in verschiedener Weise geschädigt worden sein:

(1) Ist infolge des Darlehens der Todeskampf der Gesellschaft nur verlängert worden, kann in der Zeit bis zur Eröffnung des Insolvenzverfahrens bzw. bis zum Beginn der Liquidation weiteres Gesellschaftsvermögen verbraucht worden sein, das den Gesell-

332 *Ullrich*, GmbHR **1983**, 133, 142; vgl. aber *Roth/Altmeppen*, § 5 Rz. 12: in § 32a GmbHG findet der Zusammenhang zwischen der Bemessung des Stammkapitals und dem speziellen Unternehmen grundsätzliche Anerkennung.

333 Eingehend *Kamm*, Gesellschafterdarlehen, 96 f.; s. auch *Hirte*, ZinsO **1998**, 147.

334 *Claussen*, ZHR **147** (1983), 195, 197 ff.

schaftsgläubigern zur Befriedigung nun nicht mehr zur Verfügung steht (Verzögerungsschaden).

(2) In der Phase der künstlichen Lebenserhaltung kann es dazu gekommen sein, daß sich sog. Neugläubiger vertraglich an die Gesellschaft gebunden haben, wozu es ohne die Gesellschafterhilfe und bei früherer Beendigung der Gesellschaft nicht gekommen wäre (Vertrauensschaden).

(3) Kommt es zur Eröffnung des Insolvenzverfahrens, sehen sich die gewöhnlichen Gläubiger in Konkurrenz mit den Gesellschaftergläubigern, die ihre Kredite gegen die Gesellschaft geltend machen. Die Mehrung der Forderungen kann zur Folge haben, daß die Insolvenzquote des Drittgläubigers geschmälert wird. Ist das Darlehen bereits zurückgezahlt worden, ist die Darlehensforderung des Gesellschafters zwar erloschen. Dafür sind der Insolvenzmasse Mittel entzogen worden, was ebenfalls dazu führt, daß sich die Quote vermindert (Quotenschaden).

Bei einem Vergleich mit der alternativ denkbaren Kapitalerhöhung ergibt 101
sich, welche dieser Gefahren dem Gesellschafterdarlehen als spezifische Folge zugeordnet werden kann. Da eine Kapitalerhöhung ebenso wie die Zuführung frischen Fremdkapitals das Leben der Gesellschaft verlängert, drohen auch bei ihr Verzögerungs- und Vertrauensschäden; da die Kapitalerhöhung aber echtes Haftkapital zuführt, kann nur der Quotenschaden im Insolvenzverfahren beim Gesellschafterdarlehen auftreten[335].

II. Wirkungen des Eigenkapitalersatzrechts

1. In rechtlicher Hinsicht

a) Gesetz und Rechtsprechungsregeln des BGH

Der Eigenkapitalersatz verbietet Gesellschafterhilfen nicht, sondern setzt 102
sie voraus. Gesellschafterdarlehen, die dem Eigenkapitalersatz unterliegen,

335 Vgl. auch *Reiner*, FS für Boujong, 415, 417.

können außerhalb des Insolvenzverfahrens entsprechend § 30 GmbHG überhaupt nicht geltend gemacht und im Insolvenzverfahren nur mit Nachrang angemeldet werden (§§ 32a Abs. 1 GmbHG, 39 Abs. 1 Nr. 5 InsO). Ist das Darlehen bereits zurückgezahlt worden, kann die Gesellschaft außerhalb des Insolvenzverfahrens entsprechend § 31 GmbHG Rückerstattung verlangen; unter den Voraussetzungen der §§ 2, 6 Nr. 2 AnfG kann die Rückzahlung vom Gläubiger angefochten werden. Im Insolvenzverfahren unterliegt die Rückzahlung der Anfechtung innerhalb Jahresfrist (§ 135 Nr. 2 InsO). Insgesamt stellt der Kapitalersatz einen massiven hoheitlichen Eingriff in die von Gesellschaft und Gesellschafter privatautonom gewählte Vertragsgestaltung dar (vgl. Rz. 64)[336].

b) Durchgriff

103 Zu Beginn der Diskussion wurde die Haftung eigenkapitalersetzender Gesellschafterdarlehen teilweise als eine Variante des Durchgriffsproblems begriffen[337]. Diese Sichtweise scheint auf den ersten Blick abwegig zu sein, weil man mit dem Durchgriff die Frage verbindet, ob ein Gesellschafter aus bestimmten Gründen ausnahmsweise für Verbindlichkeiten der GmbH haften muß. Die Verbindung zwischen beiden Themenkreisen besteht darin, daß der Eigenkapitalersatz im Ergebnis dazu führt, daß wirtschaftlich betrachtet zur Vermögenssphäre des Gesellschafters gehörendes Kapital den Gläubigern als Haftungsmasse zur Verfügung gestellt wird und der Gesellschafter dadurch mittelbar für Verbindlichkeiten der Gesellschaft einsteht. Allerdings ist die Technik unterschiedlich: Beim Kapitalersatz erfolgt der Zugriff über das zwangsweise vermehrte Gesellschaftsvermögen, der Durchgriff erfaßt den Gesellschafter direkt. Ein Unterschied besteht auch im Umfang der Haftung: Während beim

336 *Claussen*, ZHR **147** (1983), 195, 202; *Reiner*, FS für Boujong, 415, 421; *Uhlenbruck*, GmbHR **1982**, 141, 150; *Wolany*, Rechte und Pflichte, 69; a. A. *Ulmer*, FS für Duden, 661, 674.

337 *Erlinghagen*, GmbHR **1962**, 169, 172; *Erman*, KTS **1959**, 129, 131; *Hofmann*, NJW **1966**, 1941, 1946; *Kalter*, KTS **1970**, 267, 285; *Luckan/Schacht*, DB **1970**, 1449, 1454 Anm. 15; *Messmer*, BB **1970**, 1057; *Pleyer*, GmbHR **1963**, 206, 208; *Siebert*, BB **1954**, 417, 418; *Stauder*, GmbHR **1968**, 72, 73; *Unger*, KTS **1959**, 33, 35; *Woeste*, GmbHR **1959**, 131, 132; *Kamm*, Gesellschafterdarlehen, 56; *Kamprad*, Gesellschafterdarlehen, 3; *Wolany*, Rechte und Pflichten, 73 Anm. 10; vgl. auch Harm Peter *Westermann*, GmbHR **1979**, 217, 220; Harm Peter *Westermann*, GmbHR **1979**, 193, 197; s. auch den Meinungsstand bei *Dempewolf*, DB **1961**, 969, 971 f.

Durchgriff unbeschränkt auf das gesamte Vermögen des Gesellschafters zugegriffen wird, um den Ausfall des Gläubigers in voller Höhe ersetzen zu können, beschränkt sich die Haftung beim Eigenkapitalersatz von vornherein auf die freiwillig gegebenen Mittel[338]. Eine Gesamtschau ergibt, daß sich der Kapitalersatz als einen auf die Darlehensvaluta beschränkten Durchgriff bezeichnen läßt[339].

Trotzdem weisen Durchgriff und Eigenkapitalersatz grundlegende Unter- **104**
schiede auf, die es ausschließen, den Kapitalersatz als Durchgriffsfall zu definieren[340]. Der Vergleich produziert einen Wertungswiderspruch, weil er die prinzipiell gleiche Rechtsfolge, nämlich Haftung des Gesellschafters entgegen § 13 Abs. 2 GmbHG, von verschiedenen Voraussetzungen abhängig macht (vgl. auch Rz. 76). Zwar befindet sich die Diskussion um die Durchgriffshaftung immer noch im Fluß[341]; unabhängig von den Details liegt die Latte für eine Durchgriffshaftung aber sehr viel höher als für den Eigenkapitalersatz, denn beim Durchgriff geht es darum, dem bewußten Mißbrauch der juristischen Person entgegenzutreten[342], während für den Eigenkapitalersatz die schlichte Darlehensgabe in der Krise ausreicht; der Kapitalersatz führt zu einem beschränkten Durchgriff unterhalb der Schwelle der für einen Durchgriff erforderlichen Voraussetzungen[343].

338 *Kamm*, Gesellschafterdarlehen, 146, plädiert für eine unbeschränkte Haftung bis zur Höhe des vollen Schadensausgleichs, allerdings unter dem Gesichtspunkt des Durchgriffs.

339 *Hofmann*, NJW **1966**, 1941, 1943; *Woeste*, GmbHR **1959**, 131, 132; *Kamm*, Gesellschafterdarlehen, 56.

340 Im Ergebnis wie hier *Meyer-Landrut*, § 1 Rz. 29; Scholz/K. *Schmidt*, §§ 32a, 32b Rz. 14; *Altmeppen*, ZIP **1993**, 1677, 1682 Anm. 53; *Ehricke*, AcP **199** (1999), 257, 259 f.; K. *Schmidt*, JZ **1985**, 301, 304; K. *Schmidt*, ZHR **147** (1983), 165, 167; K. *Schmidt*, ZIP **1981**, 689, 690; *Sonnenberger*, NJW **1969**, 2033, 2034; *Uhlenbruck*, GmbHR **1982**, 141, 152; *Winkler*, BB **1969**, 1202, 1203; K. *Schmidt*, GesR, § 18 III 4 b).

341 Zuletzt *Ehricke*, AcP **199** (1999), 257, 262 ff.

342 BGH, Urteil vom 29.11.1956, BGHZ **22**, 226, 230.

343 Vgl. *Dempewolf*, DB **1961**, 1011; *Erlinghagen*, GmbHR **1962**, 169, 173; *Hofmann*, NJW **1966**, 1941, 1946; *Klausing*, ZAkDR **1939**, 79, 80; *Luckan/Schacht*, DB **1970**, 1449, 1454; *Neflin*, GmbHR **1963**, 41, 46; *Pleyer*, GmbHR **1960**, 43, 44; *Schönle*, GmbHR **1960**, 63, 64; *Sonnenberger*, NJW **1969**, 2033, 2034 f.; *Stauder*, GmbHR **1968**, 72, 74; *Ullrich*, GmbHR **1983**, 133, 144; Harm Peter *Westermann*, ZIP **1983**, 1281, 1288; *Woeste*, GmbHR **1959**, 131, 132; *Wüst*, JZ **1985**, 817, 823; *Kamprad*, Gesellschafterdarlehen, 64.

Zweitens decken sich die Anwendungsbereiche der beiden Institute nicht, denn der Durchgriff ist nicht von einer Krise der Gesellschaft abhängig, sondern auch bei der gesunden Gesellschaft möglich, z. B. in den Fällen der Vermögensvermischung[344]. Auch der BGH hat die Nähe zum Durchgriff gesehen, begreift den Eigenkapitalersatz aber ausdrücklich nicht als Durchgriffsproblem[345], weil die Voraussetzungen, unter denen ein Durchgriff zulässig sein kann, nicht vorlägen, wenn ein Gesellschafterdarlehen in der Krise gewährt wird[346]. Der entscheidende Unterschied liegt aber darin, daß die objektive Zielrichtung beider Institute grundverschieden ist: Während der Durchgriff direkt zugunsten des einzelnen Gläubigers wirkt, indem ihm der Gesellschafter unmittelbar haftet, bewirkt der Eigenkapitalersatz lediglich indirekt, daß die Darlehensvaluta den außenstehenden Gläubigern zugute kommen, indem ihr Abzug aus dem Gesellschaftsvermögen verhindert wird[347].

2. In tatsächlicher Hinsicht

105 Allgemein formuliert führt das Eigenkapitalersatzrecht in Abkehr von der formellen Stammkapitalziffer zur Bildung „materiellen“ oder „funktionalen“ Kapitals[348]. Die Gesellschaft in der Krise wird im Falle ihrer Weiterfinanzierung mit den damit verbundenen Gefahren zwangsweise mit so viel Eigenkapital wie nur möglich ausgestattet[349], was sich

344 Dazu zuletzt *Ehricke*, AcP **199** (1999), 257, 289 ff.

345 BGH, Urteil vom 14.12.1959, BGHZ **31**, 258, 271; BGH, Urteil vom 29.11.1971, WM **1972**, 74, 75; BGH, Urteil vom 21.9.1981, BGHZ **81**, 311, 317.

346 BGH, Urteil vom 14.12.1959, BGHZ **31**, 258, 271.

347 *Ulmer*, FS für Duden, 661, 670; Harm Peter *Westermann*, GmbHR **1979**, 193, 197.

348 Begründung RegE GmbH-Novelle, BT-Drucksache 8/1347, 39; *Goette*, ZHR **162** (1998), 223, 224; *Goette*, DStR **1997**, 2027, 2029; *Junker*, ZHR **156** (1992), 394, 399; *Koppensteiner*, AG **1998**, 308, 312; *Lutter/Hommelhoff*, ZGR **1979**, 31, 42; *Mayer*, BB **1990**, 1935; *Reiner*, FS für Boujong, 415, 419; K. *Schmidt*, GesR, § 18 III 1 a); die Qualität umqualifizierter Darlehen ist im übrigen unklar, dazu *v. Gerkan*, ZGR **1997**, 173, 177; *Priester*, ZGR **1999**, 533, 541 ff.; *Priester*, DB **1991**, 1917; *Wassermeyer*, ZGR **1992**, 639, 646 ff.; vgl. auch *Farrenkopf/Cahn*, AG **1983**, 151, 153: nichthaftendes Eigenkapital; *Hommelhoff*, ZGR **1988**, 460, 464: dynamisches Haftkapital im Übergang zum Fremdkapital; *Lutter/Hommelhoff*, ZGR **1979**, 31, 52: nachrangiges Haftkapital; *Wiedemann*, FS für Beusch, 893: Quasi-Eigenkapital; nach Inkrafttreten der InsO: *Noack*, FS für Claussen, 307, 311 f.

349 Vgl. *Boujong*, GmbHR **1992**, 207, 209; *Goette*, ZHR **162** (1998), 223, 227; *Goette*, DStR **1997**, 2027, 2029.

z. B. auch darin manifestiert, daß der Anwendungsbereich des Eigenkapitalersatzrechts mit Hilfe des § 32a Abs. 3 Satz 1 GmbHG u. a. auf Nutzungsüberlassungen ausgedehnt wurde[350].

a) Verzögerungs- und Vertrauensschäden

Verzögerungs- und Vertrauensschäden kann das Eigenkapitalersatzrecht nicht immer voll auffangen. Das ergibt sich schon daraus, daß die Höhe der umqualifizierten Mittel nur zufällig dem Wert des Vermögens, das infolge der Verzögerung verbraucht wurde, bzw. dem Wert der Forderung entsprechen wird, die der Gläubiger gegen die Gesellschaft erworben hat und nicht mehr bedient werden kann. Solche Positionen werden nur unter den Voraussetzungen der §§ 823 Abs. 2 BGB, 64 Abs. 1 GmbHG ersetzt, wenn das Gesellschafterdarlehen den Insolvenzgrund nicht beseitigt hat (Rz. 77). Auch ein Beispiel von *Reiner*[351] zeigt die Wirkungslosigkeit auf, die in dieser Hinsicht eintreten kann: Das Darlehen ist vor Eintritt der Insolvenz zurückgezahlt worden, eine Rückforderung entsprechend § 31 GmbHG nicht möglich, weil das nominelle Stammkapital im Augenblick der Rückzahlung noch durch das Vermögen der Gesellschaft gedeckt war, eine Anfechtung scheitert an der Jahresfrist (§ 135 Nr. 2 InsO). Wurde in diesem Fall das Leben der Gesellschaft künstlich verlängert und haben die Gläubiger infolge dieser Verzögerung durch den Verbrauch weiteren Vermögens einen Schaden erlitten, kann der Kapitalersatz keinen Ausgleich bieten. 106

b) Quotenschäden

Auf den ersten Blick scheint der Eigenkapitalersatz aber den Quotenschaden ersetzen zu können. Allerdings ist in rechtstatsächlicher Hinsicht nichts darüber bekannt, ob sich Gesellschafterdarlehen für die anderen Gläubiger wirklich ungünstig auswirken, denn Zahlen zu diesem Thema gibt es nicht[352]. Dementsprechend wird im Schrifttum auch die Frage 107

350 Seit BGH, Urteil vom 16.10.1989, BGHZ **109**, 55; Stationen der Ausdehnung des Anwendungsbereichs bei *Claussen*, GmbHR **1996**, 316, 317 ff.; *Claussen*, FS für Forster, 140, 142 ff.

351 *Reiner*, FS für Boujong, 415, 442.

352 *Claussen*, GmbHR **1996**, 316, 320; *Claussen*, GmbHR **1994**, 9, 15; *Grunewald*, GmbHR **1997**, 7, 8; *Drukarczyk*, FS für Schneider, 173, 202, bemängelt mangelnde

nicht eindeutig beantwortet, ob die sofortige Liquidation[353] oder die Wahrnehmung einer Sanierungschance durch die Aufnahme von Gesellschafterdarlehen günstiger ist. *Claussen* zufolge lehrt die Erfahrung, daß im Wege des Eigenkapitalersatzes erstrittene Gelder meist der Befriedigung der Verwalterkosten und bevorrechtigter Forderungen dienen, nicht bevorrechtigte Gläubiger davon aber nur selten profitieren[354], so daß der Eigenkapitalersatz hinsichtlich dieser gewöhnlichen Drittgläubiger nur insoweit Gläubigerschutz entfaltet, als für die Befriedigung ihrer Forderungen mehr aus der Insolvenzmasse übrigbleibt, weil die bevorrechtigten Schuldner bereits durch den Einbehalt bzw. durch die Einziehung von Gesellschafterdarlehen befriedigt wurden. Wird das Darlehen in einem Zeitpunkt gegeben, in dem die Gesellschaft bereits überschuldet ist, muß auch bedacht werden, daß die Forderungen der Gläubiger in diesem Fall schon soweit entwertet sind, als sie bei einer gedachten Insolvenzquote zu diesem Zeitpunkt nicht mehr befriedigt werden könnten. In dieser Situation ist das Gesellschafterdarlehen wirtschaftlich gesehen für die Gläubiger nicht unbedingt eine Gefahr, sondern verkörpert auch die Chance, daß die Gesellschaft wieder auf die Beine kommt und die Forderungen dadurch wieder an Wert gewinnen[355].

108 Die Annahme des Quotenschadens ist auch theoretisch nicht zwingend[356]. Zunächst mehrt das Darlehen die Verteilungsmasse[357]. Ob einem Altgläubiger ein Schaden durch die Gabe eines Gesellschafterdarlehens entsteht, hängt vom Verhältnis des in der Insolvenzmasse verbliebenen Darlehensbetrages zur Höhe der noch ausstehenden Darlehensforderung gegenüber der ursprünglichen Konkursquote ab[358]. Ein Schaden exakt in der Höhe des Darlehensbetrages entsteht den Altgläubigern nur dann, wenn die

Arbeiten zur Rechtsfolgenbewertung im Kapitalersatzrecht; Rechenbeispiel bei *Luckan/Schacht*, DB **1970**, 1449, 1454.

353 So BGH, Urteil vom 13.7.1981, BGHZ **81**, 252, 257; *Bäcker*, ZIP **1989**, 681, 684; *Fleck*, FS für Werner, 107, 110; *Geßler*, ZIP **1981**, 228, 231; *Ulmer*, ZIP **1984**, 1163, 1166; *Vonnemann*, GmbHR **1989**, 145, 149; zweifelnd dagegen *Claussen*, GmbHR **1996**, 316, 320; *Grunewald*, GmbHR **1997**, 7, 8; *Hüffer*, ZHR **153** (1989), 322, 335.

354 *Claussen*, GmbHR **1996**, 316, 320.

355 *Claussen*, ZHR **147** (1983), 195, 203; *Drukarczyk*, FS für Schneider, 173, 193; K. *Müller*, ZRP **1975**, 101, 102.

356 *Luckan/Schacht*, DB **1970**, 1449, 1454.

357 Vgl. *Sonnenberger*, NJW **1969**, 2033, 2037; *Vonnemann*, GmbHR **1989**, 145, 149.

358 *Reiner*, FS für Boujong, 415, 440.

Darlehenssumme vollständig aufgebraucht ist und keine weiteren Neugläubiger hinzugekommen sind[359]. Die Insolvenzquote kann sogar höher ausfallen, wenn das Verhältnis zwischen dem in der Konkursmasse verbliebenen Darlehensbetrages zur Restforderung oberhalb der ursprünglichen Konkursquote liegt[360]; in diesem Fall hat der Gesellschafter sogar einen Teil des Risikos der anderen Gläubiger zu seinen eigenen Lasten übernommen[361]. Wegen dieser Unwägbarkeiten besteht also die Möglichkeit, daß der Eigenkapitalersatz zur Gläubigerbefriedigung führt, ohne daß der Nachweis konkreter Kausalität zu einem Schaden geführt wäre[362].

c) Wirkung vor und außerhalb des Insolvenzverfahrens

Bekanntlich unterscheiden sich die Rechtsprechungsregeln des BGH von 109
den §§ 32a, 32b GmbHG vor allem dadurch, daß erstere nicht von der Eröffnung des Insolvenzverfahrens abhängig sind. Der konkrete Nutzen der Umqualifizierung vor bzw. außerhalb des Insolvenzverfahrens für die Gläubiger ist jedoch gering, denn stets kommt es auf den ersten Zugriff an. Unabhängig davon, ob sich die Valuta noch im Gesellschaftsvermögen befinden oder wieder zurückgezahlt worden sind, der Gläubiger benötigt einen Titel gegen die Gesellschaft, mit dem er in das Gesellschaftsvermögen bzw. in den Anspruch der Gesellschaft gegen den Gesellschafter aus § 31 GmbHG vollstrecken kann. Auch für die Anfechtung der Rückzahlung (§ 6 Nr. 2 AnfG) muß erst ein Titel erstritten werden (§ 2 AnfG). Dasselbe Bild ergibt sich, wenn die Eröffnung des Insolvenzverfahrens mangels Masse abgelehnt wird (§ 26 InsO) und die Gesellschaft in das gewöhnliche Liquidationsverfahren (§ 60 Abs. 1 Nr. 5 GmbHG) übergegangen ist. Vor und außerhalb des Insolvenzverfahrens nützt die Umqualifizierung also nur dem Gläubiger, der die zusätzliche Befriedigungsmöglichkeit kennt und nutzen kann; wer seine Forderung rechtzeitig befriedigt und wer leer ausgeht, hängt davon ab, wer den Wettlauf gewinnt. Da es vor und außerhalb des Insolvenzverfahrens keine Befriedigungsquote gibt, kommen die umqualifizierten Mittel einem Gläubiger entweder ganz oder gar nicht zugute. Entgegen aller Kritik an der GmbH-Novelle von 1980 ist deswegen festzustellen, daß die insolvenzrechtliche Lösung der §§ 32a,

359 *Reiner*, FS für Boujong, 415, 441.

360 *Reiner*, FS für Boujong, 415, 441; vgl. auch K. *Müller*, ZRP **1975**, 101, 102.

361 *Luckan/Schacht*, DB **1970**, 1449, 1454.

362 *Luckan/Schacht*, DB **1970**, 1449, 1455; *Reiner*, FS für Boujong, 415, 440.

32b GmbHG gegenüber den Rechtsprechungsregeln des BGH den Vorzug hat, ihre Wirkung unter Ausschluß dieses Zufallselementes gleichmäßig zugunsten aller Gläubiger zu entfalten.

III. Ergebnis

110 Obwohl es gerade das Bedürfnis nach dem Schutz von Drittgläubigern war, das die Entwicklung des Eigenkapitalersatzrechts ausgelöst hat[363], liegt der Figur des Eigenkapitalersatzes ein schlüssiges Gläubigerschutzkonzept insgesamt nicht zugrunde, weil ihre Rechtsfolgen überhaupt nicht darauf zugeschnitten sind, denkbare Schäden infolge von Gesellschafterdarlehen aufzufangen. Der spezifische Wirkmechanismus des Eigenkapitalersatzes besteht darin, dem Gesellschafter die Geltendmachung seiner Darlehensforderungen während der Krise zu verwehren. Auf diese Weise wird die Gesellschaft gegen die Forderungen ihrer Gesellschafter „immunisiert" und die Fremdmittel an das Gesellschaftsvermögen gebunden. Ob diese zusätzlichen Mittel unter den außenstehenden Gläubiger gleichmäßig verteilt werden, hängt davon ab, ob ein Insolvenzverfahren eröffnet wird. Ist das nicht der Fall, entscheidet darüber der Wettlauf unter den Gläubigern; und wenn es dazu kommt, ist es möglich, daß die Gläubiger über Gebühr befriedigt werden. Schutzobjekt des Eigenkapitalersatzes ist also das Gesellschaftsvermögen[364]; den Gläubigern kommt dieser Schutz nur über diesen Umweg und damit nur reflexiv[365] zugute. Aus diesen Überlegungen ergibt sich auch der Kern des Problems der Gesellschafterdarlehen: Die spezifische Gefahr eines Quotenschadens (Rz. 101) entsteht nicht schon durch die Vergabe des Darlehens, sondern erst dann, wenn der Rückzahlungsanspruch geltend gemacht wird[366]. Der

363 BGH, Urteil vom 14.12.1959, BGHZ **31**, 258, 268.

364 *Lutter/Hommelhoff*, §§ 32a/b Rz. 12; vgl. auch *Ballerstedt*, ZHR **135** (1972), 383, 393; *Hommelhoff/Kleindiek*, FS 100 Jahre GmbHG, 421, 428 f.; *Rümker*, ZGR **1988**, 494, 499; *Ullrich*, GmbHR **1983**, 133, 142 f.; vgl. auch K. *Schmidt*, ZIP **1988**, 1497, 1504: vom Gläubigerschutzkonzept zum Gesellschaftsschutzkonzept; a. A. z. B. *Pentz*, BB **1997**, 1265, 1268; *Ulmer*, ZIP **1984**, 1163, 1166; *Vonnemann*, GmbHR **1989**, 145, 151.

365 Ebenso *Lutter/Hommelhoff*, §§ 32a/b Rz. 12; *Haas*, Geschäftsführerhaftung, 65.

366 Zutreffend *Elsing*, GmbHR **1978**, 103, 104; *Ullrich*, GmbHR **1983**, 133, 142; vgl. auch *Sonnenberger*, NJW **1969**, 2033, 2035.

Gläubigerschutzgedanke ist also weit weniger wichtig, als es die Diskussion um den Eigenkapitalersatz vermuten läßt; er war nur der Anlaß für die Entstehung des Kapitalersatzes. Daneben sind die Sanktionen des Eigenkapitalersatzes zumindest theoretisch dazu geeignet, den Gesellschafter bereits im Vorfeld der Insolvenzreife davon abzuhalten, die Krise der Gesellschaft durch die Gabe von Darlehen zu verlängern und dadurch weitere Schäden zu verursachen; es kann dazu beitragen, eine zügige Beendigung der Gesellschaft zu erreichen. Insofern hat es auch präventive Wirkung[367].

IV. Die objektive ratio des Eigenkapitalersatzes

1. Interessenausgleich

Die Untersuchung der objektiven Wirkungsweise des Kapitalersatzes hat **111**
ergeben, welche Interessen geschützt werden. Stets wird das Interesse der Gesellschaft vor einer Schmälerung ihres Vermögens durch Abzug gewährter Kredite geschützt. Demgegenüber muß der Rückzahlungsanspruch des Gesellschafters zumindest solange zurücktreten, wie die Krise noch nicht überwunden ist; das führt in der Regel, aber eben nur reflexiv, auch zu einer Besserstellung der Drittgläubiger. Die Aufgabe des Eigenkapitalersatzes besteht also darin, den Interessenwiderspruch zwischen der Gesellschaft in der Krise und dem Rückzahlungsanspruch ihres helfenden Gesellschafters zugunsten des Gesellschaftsvermögens zu entscheiden.

2. Rechtstechnik

Es hat sich auch gezeigt, wie sich dieser Interessenausgleich in recht- **112**
stechnischer Hinsicht vollzieht. Der Schutz der Gesellschaft vor Darlehensrückzahlungen an die Gesellschafter wird in hinreichendem Maße dadurch gewährleistet, daß der Gesellschaft das Recht gegeben wird, sich gegen den Abzug der Kredite im Wege einer Einrede solange wehren zu

367 BGH, Urteil vom 16.10.1989, BGHZ **109**, 55, 57; *Bäcker*, ZIP **1989**, 681, 684; *Boujong*, GmbHR **1992**, 207, 209; *Fastrich*, FS für Zöllner, 143, 150 f.; *Geßler*, ZIP **1981**, 228, 231; *Priester*, FS für Helmrich, 721, 730; *Reiner*, FS für Boujng, 415, 438; *Ulmer*, ZIP **1984**, 1163, 1166; vgl. auch *Hommelhoff/Kleindiek*, FS 100 Jahre GmbHG, 421, 428 f.

können, bis die Krise überwunden ist. In dieser Hinsicht war der ursprüngliche Ansatz des RG und des BGH (Rz. 96) also zutreffend. Die Annahme einer Finanzierungsfolgenverantwortung, die dem Gesellschafter für den Fall, daß er sich zur Weiterfinanzierung entschließt, die Obliegenheit[368] auferlegt, statt Fremdkapital nur echtes Haftkapital zuführen zu dürfen, schießt weit über das erforderliche Maß hinaus, weil der Quotenschaden als spezifische Gefahr des Gesellschafterdarlehens (Rz. 101) nicht bereits durch die Vergabe des Kredits droht, sondern erst dann, wenn die Rückforderung der Valuta gefordert wird (Rz. 110). Dieser Gefahr kann mit einer Einrede in ausreichendem Maße begegnet werden.

3. Rechtliche Grundlage

113 Die Entscheidung des Interessenstreits zwischen der Gesellschaft in der Krise und ihrer Gesellschafter zugunsten der Gesellschaft, indem ihr gegen den Anspruch des Gesellschafters eine Einrede zugebilligt wird, läßt sich normativ als kodifizierter Ausdruck der mitgliedschaftlichen Treuepflicht des Gesellschafters gegenüber der Gesellschaft deuten[369]. Seit dem ITT-Urteil des BGH ist auch in der GmbH die Existenz von

368 K. *Müller*, JURA **1985**, 337, 339; a. A. *Fastrich*, NJW **1983**, 260, 262: echte Rechtspflicht, weil die Obliegenheit voraussetzt, daß durch ihre Nichterfüllung Nachteile entstehen, die vermieden werden, wenn die Obliegenheit erfüllt wird.

369 Vgl. Hachenburg/*Raiser*, § 14 Rz. 60 unter Verweis auf RG, Urteil vom 26.2.1937, JW **1937**, 1896 und OLG Koblenz, Urteil vom 5.4.1984, WM **1984**, 1051; zu diesen Entscheidungen unten Rz. 114, 116; *Lutter/Hommelhoff*, § 14 Rz. 19: aktive Förderpflicht (§ 705 BGB) zur Liquidation bei nicht behebbaren finanziellen Schwierigkeiten als Rechtsgedanke aus §§ 32a, 32b (Wahl zwischen Liquidation oder korrekter Finanzierung); K. *Müller*, GmbHR **1982**, 33, 35: § 32a GmbHG als spezielle Ausformung eines allgemeinen Nichtschädigungsgebotes; *Uhlenbruck*, GmbHR **1982**, 141, 150, 152: Haftung wegen selbstgewählter Aufgabe; Münchener Handbuch Band III/*Rümker*, § 53 Rz. 124; andeutungsweise *Karollus*, FS für Claussen, 199, 208 f.; *Rümker*, ZGR **1988**, 494, 513 f.; *Uhlenbruck*, GmbHR **1982**, 141, 144; *Ullrich*, GmbHR **1983**, 133, 142 f.; *Ulmer*, ZIP **1984**, 1163, 1166 f.; *Wiedemann*, FS für Beusch, 893, 904; *Haas*, Geschäftsführerhaftung, 65; *Wolany*, Rechte und Pflichten, 73; a. A. OLG Stuttgart, Urteil vom 28.3.1994, GmbHR **1994**, 620, 623; OLG Hamburg, Urteil vom 28.1.1983, ZIP **1983**, 573, 575 f.; *Geßler*, GmbHR **1966**, 102, 108; *Koppensteiner*, AG **1998**, 308, 315; *Priester*, DB **1991**, 1917, 1922; *Sonnenberger*, NJW **1969**, 2033, 2035, allerdings mit der überholten Begründung, die Treuepflicht schütze nur die Mitgesellschafter.

Treuepflichten anerkannt[370]. Systematisch lassen sich Treuepflichten des Gesellschafters gegenüber der Gesellschaft von solchen der Gesellschafter untereinander unterscheiden. Mit der Existenz der Treuepflicht gegenüber der GmbH darf nicht die nach wie vor umstrittene Frage verwechselt werden, ob ein „Eigeninteresse" der Gesellschaft anzuerkennen ist, das sich von den Interessen der Gesellschaftergesamtheit unterscheidet[371]. Die Treuepflicht gegenüber der GmbH besteht unabhängig von der Annahme eines solchen Eigeninteresses[372]; der Streit um das Eigeninteresse der GmbH betrifft nur die Frage, ob, in welchem Umfang und unter welchen Voraussetzungen die Treuepflicht gegenüber der GmbH durch den Willen der Mitgliedergesamheit abbedungen werden kann[373].

Der Ursprung der Treuepflichten ist im einzelnen umstritten[374]. Nahe **114**
liegt es, sie aus der Satzung abzuleiten, die nicht nur die Organisation der Gesellschaft, sondern auch die Rechtsbeziehungen zwischen der GmbH und ihren Mitgliedern schafft, die für die Begründung von Pflichten zur Rücksichtnahme notwendig sind[375]. Inhalt und Umfang der Treuepflicht lassen sich nicht generell festlegen, sondern bestimmen sich im Einzelfall nach § 242 BGB[376]. Zu berücksichtigende Kriterien sind in der Regel das betroffene Recht bzw. die betroffene Pflicht des Gesellschafters, Höhe und Art der Beteiligung sowie Realstruktur und Rechtsform der Gesellschaft[377]. Unabhängig davon hat die grundlegendste Treuepflicht zum

370 BGH, Urteil vom 5.6.1975, BGHZ **65**, 15, 18; ausführlich abgedruckt in NJW **1976**, 191.

371 Meinungsstand bei *Winter*, ZGR **1994**, 570, 577 ff.; *Priester*, ZGR **1993**, 512, 517 ff.

372 *Winter*, Treuebindungen, 12, 66 f., 88.

373 *Lutter/Hommelhoff*, § 14 Rz. 24; *Hartmann*, GmbHR **1999**, 1061, 1062; *Winter*, Treuebindungen, 67, 190.

374 Dazu K. *Schmidt*, GesR, § 20 IV 1 b); *Winter*, Treuebindungen, 45 ff.

375 Meyer-Landrut/*Meyer-Landrut*, § 14 Rz. 25; Rowedder/*Rowedder*, § 13 Rz. 12; Scholz/*Emmerich*, § 13 Rz. 36.

376 *Baumbach/Hueck*, § 13 Rz. 23 f.; Hachenburg/*Raiser*, § 14 Rz. 55 f.; Meyer-Landrut/*Meyer-Landrut*, § 14 Rz. 26; *Roth/Altmeppen*, § 13 Rz. 49; Rowedder/*Rowedder*, § 13 Rz. 13; Scholz/*Emmerich*, § 13 Rz. 37; Scholz/*Winter*, § 14 Rz. 53.

377 Scholz/*Emmerich*, § 13 Rz. 37.

Inhalt, den Zweck der Gesellschaft zu förden[378]; daraus folgt gleichzeitig das Verbot existenzgefährdender Maßnahmen zu Lasten der Gesellschaft[379]. Auch die Rechtsfolgen eines Verstoßes gegen die Treuepflicht können unterschiedlich ausfallen, je nachdem, welches Verhalten als treuwidrig bewertet wird[380]. So hat die Treuepflicht z. B. schon den Minderheitsaktionär zur positiven Stimmabgabe gezwungen, um die Sanierung des Unternehmens zu ermöglichen[381]. In einem anderen Fall wurde ein GmbH-Gesellschafter wegen seiner Mitwirkung an einem Beschluß, der den Geschäftsführer zu Auszahlungen aus dem zur Erhaltung des Stammkapitals erforderlichen Vermögen an einen Mitgesellschafter veranlaßt hatte, zu Schadensersatz an die Gesellschaft verpflichtet[382]. Kommanditisten wurde bereits mehrfach die gesellschaftsvertraglich vereinbarte Verzinsung der Einlage mit der Begründung verwehrt, im Falle der Auszahlung drohe der Konkurs der Gesellschaft[383].

115 Der Eigenkapitalersatz schützt das Vermögen der Gesellschaft, indem er es gegen Rückzahlungsansprüche der Gesellschafter in einer Situation immunisiert, in der ein Verlust von flüssigem Kapital wirtschaftlich betrachtet nicht vertretbar wäre, weil sich das Unternehmen in einer Krise befindet, also nicht kreditwürdig ist. Eine Rückzahlung würde entweder den Niedergang der Gesellschaft beschleunigen oder einen bereits eingesetzten Gesundungsprozeß gefährden; die Immunisierung des Gesellschaftsvermögens läßt sich als Ausdruck des Verbots existenzgefährdender Maßnahmen zu Lasten der Gesellschaft begreifen (Rz. 114). Dabei ist nicht die Tatsache entscheidend, daß die Gesellschaft mit der Gesell-

378 *Baumbach/Hueck*, § 13 Rz. 22; Hachenburg/*Raiser*, § 14 Rz. 52; *Lutter/Hommelhoff*, § 14 Rz. 19; Meyer-Landrut/*Meyer-Landrut*, § 14 Rz. 25; Scholz/*Emmerich*, § 13 Rz. 37.

379 *Baumbach/Hueck*, § 13 Rz. 22; Hachenburg/*Raiser*, § 14 Rz. 52; *Lutter/Hommelhoff*, § 14 Rz. 21; Meyer-Landrut/*Meyer-Landrut*, § 14 Rz. 25; *Roth/Altmeppen*, § 13 Rz. 48.

380 *Baumbach/Hueck*, § 13 Rz. 31; Hachenburg/*Raiser*, § 14 Rz. 61; *Lutter/Hommelhoff*, § 14 Rz. 29; Meyer-Landrut/*Meyer-Landrut*, § 14 Rz. 29 ff.; *Roth/Altmeppen*, § 13 Rz. 54 f.; Rowedder/*Rowedder*, § 13 Rz. 17; Scholz/*Emmerich*, § 13 Rz. 38a; Scholz/*Winter*, § 14 Rz. 61.

381 BGH, Urteil vom 20.3.1995, BGHZ **129**, 136.

382 BGH, Urteil vom 10.12.1984, BGHZ **93**, 146.

383 BGH, Urteil vom 19.11.1984, NJW **1985**, 972, 973; BGH, Urteil vom 5.11.1984, NJW **1985**, 973, 974; OLG Koblenz, Urteil vom 5.4.1984, WM **1984**, 1051, 1053.

schafterhilfe fortgeführt werden kann und dadurch neben der Möglichkeit ihrer Gesundung auch die Gefahren von Verzögerungs- und Vertrauensschäden hervorgerufen werden, denn diese nachteiligen Wirkungen können auch bei einer in der Höhe unzureichenden Kapitalerhöhung eintreten (Rz. 101). Der entscheidende Fehler im Verhalten des Gesellschafters liegt darin, daß der Gesellschaft durch die Vergabe eines Darlehens höchstens kurzfristig über Zahlungsschwierigkeiten hinweggeholfen wird, dies aber mit dem Preis einer neuen Verbindlichkeit bezahlt wird. Entgegen der Absicht des Gesellschafters verbessert sich der Vermögensstatus der Gesellschaft dadurch nicht, sondern verschlechtert sich zusätzlich, obwohl sich die Gesellschaft im Zeitpunkt der Hilfevergabe bereits in der Krise befindet. Vor diesem Hintergrund verhält sich der Gesellschafter widersprüchlich, wenn er seine vergebenen Mittel von der Gesellschaft zurückverlangt, obwohl er ihren Zustand mit seiner eigenen vorherigen Hilfe selbst mitverursacht hat. Dieses Argument ähnelt der anfänglichen Begründung des Kapitalersatzes durch den BGH, der Gesellschafter dürfe sich nicht zum Zweck des Darlehens in Widerspruch setzen (Rz. 56). Der BGH legte seiner Argumentation aber den subjektiven Zweck des Gesellschafters zugrunde, die Insolvenz abzuwenden; der Sanierungszweck des Darlehens erlaubt aber gerade den Abzug, wenn die Sanierung nicht mehr möglich ist (Rz. 77). Dieser Einwand ist ausgeschlossen, wenn man die objektive negative Wirkung der Hilfe für maßgeblich erklärt und dem Gesellschafter widersprüchliches Verhalten zu seinem eigenen schädigenden Vorverhalten gegenüber der Gesellschaft vorwirft. Dagegen ist die vereinzelt anzutreffende Formulierung, die Umqualifizierung sei gerechtfertigt, weil die Mittel für den Erfolg des Gesellschaftszwecks notwendig seien[384], zu weitgehend. Nicht um den Unternehmenserfolg geht es, wenn es dem Gesellschafter verwehrt wird, das Darlehen geltend zu machen, sondern nur um das weitaus bescheidenere Ziel, die Gesellschaft nicht zusätzlich zu schädigen. Im übrigen setzt diese Begründung stillschweigend voraus, daß der Gesellschafter verpflichtet ist, die Gesellschaft mit dem Eigenkapital auszustatten, das nach Art und Größe des Unternehmens angemessen wäre[385]; das ist aber gerade nicht der Fall (Rz. 83).

Der Interpretation des Eigenkapitalersatzes als Ausdruck der Treuepflicht 116
des Gesellschafters gegenüber der Gesellschaft in der Krise steht nicht

384 BGH, Urteil vom 21.3.1988, BGHZ **104**, 33, 41.

385 *Wiedemann*, FS für Beusch, 893, 906.

entgegen, daß eine Drittgläubigerposition in Frage steht, wenn es um die Rückzahlung eines Gesellschafterdarlehens geht. Zwar unterliegen Drittgeschäfte grundsätzlich nicht der gesellschaftsrechtlichen Treuepflicht[386]. So ging es in den bereits erwähnten Entscheidungen zu den Kommanditisten (Rz. 114) in der Tat um Ansprüche, die gesellschaftsvertraglich ver-

386 *Baumbach/Hueck*, § 13 Rz. 28; Scholz/*Winter*, § 14 Rz. 16.

387 *Roth/Altmeppen*, § 13 Rz. 64; Scholz/*Winter*, § 14 Rz. 16; *Winter*, Treuebindungen, 124; vgl. auch *Karollus*, FS für Claussen, 199, 208.

388 RG, Urteil vom 26.2.1937, JW **1937**, 1986.

389 Vgl. auch *Sonnenberger*, NJW **1969**, 2033, 2035.

390 *Baumbach/Hopt*, § 124 Rz. 54; Heymann/*Emmerich*, § 128 Rz. 16; Schlegelberger/*Geßler*, § 128 Rz. 25; Staub/*Fischer*, 3. Aufl., § 128 Anm. 43; A. *Hueck*, oHG, § 13 I 2; *Grunewald*, FS für Großfeld, 319, 320; **a. A.** *Koppensteiner*, AG **1998**, 308, 315; *Prediger*, BB **1971**, 245, 246.

391 *Baumbach/Hueck*, § 32a Rz. 39; Hachenburg/*Ulmer*, § 32a, b Rz. 32; *Lutter/Hommelhoff*, §§ 32a/b Rz. 49; *Rümker*, ZIP **1982**, 1385, 1388 Anm. 23; K. *Schmidt*, ZHR **147** (1983), 165, 191; Harm Peter *Westermann*, ZIP **1982**, 379, 389; vgl. auch *Grunewald*, FS für Großfeld, 319, 322; *Wiedemann*, FS für Beusch, 893, 904.

392 I. E. ebenso Hachenburg/*Ulmer*, § 32a, b Rz. 183; *Lutter/Hommelhoff*, §§ 32a/b Rz. 49; *Winter*, Treuebindungen, 130, alle mit der Begründung, die drohende Umqualifizierung zwinge den Gesellschafter zu der Entscheidung, ob er das Darlehen abzieht oder beläßt; *Fischer/Lutter/Hommelhoff*, §§ 32a/b Rz. 31: der Gesellschafter wird im Interesse der Gesellschaftsgläubiger zur Entscheidung gezwungen; **a. A.** Scholz/*Winter*, 6. Aufl., §§ 32a, 32b Rz. 69: Treuepflicht spricht für Anwendung des Kapitalersatzes.

393 Jauernig/*Vollkommer*, § 609 Rz. 6; Münchener Kommentar/Harm Peter *Westermann*, § 610 Rz. 15; *Roth/Altmeppen*, § 32a Rz. 18; Staudinger/*Hopt/Mülbert*, § 609 Rz. 39; vgl. auch Hachenburg/*Ulmer*, § 32a, b Rz. 32; *Lutter/Hommelhoff*, §§ 32a/b Rz. 49; Scholz/K. *Schmidt*, §§ 32a, 32b Rz. 50; *Habersack*, ZHR **161** (1997), 457, 470; Münchener Handbuch Band III/*Rümker*, § 53 Rz. 24.

394 Der Begriff wird unterschiedlich verwendet, z. B. Hachenburg/*Ulmer*, § 32a, b Rz. 161: bei eigenkapitalersetzenden Darlehen immer causa societatis; *Altmeppen*, ZIP **1993**, 1677, 1682: wenn der Kreditgeber bereits mit Risikokapital engagiert ist; *Hirte*, RWS-Forum 10, 145, 170: causa societatis, wenn das Darlehen vom Anlagegesellschafter stammt; nach *Karollus*, FS für Claussen, 199, 202, entscheidet der Drittvergleich; *Koppensteiner*, AG **1998**, 308, 314: alle Gesellschafterdarlehen beruhen auf einer causa societatis; *Ullrich*, GmbHR **1983**, 133, 142: bei Einräumung von Sondervorteilen; *Ulmer*, ZIP **1984**, 1163, 1167: bei großer Beteiligung und entsprechend großem Eigeninteresse an der Sanierung; bei kleiner Beteiligung, wenn sich sämtliche Gesellschafter zur finanziellen Stützung verpflichten; *Wiedemann*, FS für Beusch, 893, 905: bei Vereinbarung durch Vertrag zwischen den Gesellschaftern oder durch Beschluß.

395 So *Hofmann*, NJW **1966**, 1941, 1945; *Schönle*, GmbHR **1960**, 63, 64; *Kamm*, Gesellschafterdarlehen, 127; *Wolany*, Rechte und Pflichten, 68 f.

einbart waren, so daß die Kommanditisten nicht nur als bloße Gläubiger, sondern auch in ihrer Stellung als Gesellschafter betroffen waren. Gleichwohl ist anerkannt, daß die Tatsache der Mitgliedschaft in einer Gesellschaft im Einzelfall auch auf Drittgeschäfte des Gesellschafters mit „seiner" Gesellschaft ausstrahlen kann[387]. Im Fall einer oHG hat das RG entschieden, der Gesellschafter müsse bei der Rückforderung eines Darlehens, das nur im Hinblick auf das „gesellschaftsrechtliche Band" zustandegekommen war und den Zweck hatte, die Belange der Gesellschaft zu fördern, auf die Gesellschaft Rücksicht nehmen und zeitweilig auf die Geltendmachung des Anspruchs verzichten, wenn andernfalls der Untergang des Unternehmens drohe[388]; zwar hat das RG seine Entscheidung mit den Belangen der anderen Gläubiger begründet, was zweifelhaft ist, weil die Treuepflicht gegenüber Außenstehenden nicht besteht und ein Gesellschafterdarlehen nur einen Konflikt zwischen Gesellschaft und Gesellschafter auslöst[389]; andererseits erwähnte das Gericht aber ausdrücklich auch die Belange der Gesellschaft, von denen die anderen Drittgläubiger abhängig seien; in der Literatur wurde diese Entscheidung zustimmend aufgenommen[390]. Bei neutralen Altkrediten ist diskutiert worden, ob der Kapitalersatz den Gesellschafter dazu zwingt, das Darlehen unter Verstoß gegen seine Treuepflicht abzuziehen, um dadurch der Umwidmung durch „Stehenlassen" entgehen zu können[391]. Das ist abzulehnen[392], weil das Altdarlehen zu einer Zeit gegeben wurde, in der sich die Gesellschaft die Kreditaufnahme noch leisten konnte und dem Darlehensgeber nicht zugemutet werden kann, dem späteren Vermögensverfall seines Schuldners tatenlos zusehen zu müssen; in diesem Fall steht ihm sogar ein außerordentliches fristloses Kündigungsrecht zu[393]. Erstaunlicherweise wurde diese Fragestellung aber nicht auf Darlehen ausgedehnt, die nicht vor, sondern erst in der Krise gegeben wurden. Bejaht man das Recht des Gesellschafters, einen neutralen Altkredit wegen nachträglichen Vermögensverfalls der Gesellschaft abzuziehen, liegt der Schluß nahe, dies umgekehrt zu verneinen, wenn das Darlehen erst in einer bereits bestehenden Krise gegeben wurde, weil in diesem Fall eine nachträgliche negative Veränderung der Vermögenssituation der Gesellschaft nicht vorliegt. Die Überlagerung der Gläubigerstellung von der gesellschaftsrechtlichen Treuepflicht ist gerechtfertigt, weil die GmbH als juristisches Konstrukt in ihrem Bestand von ihren Gesellschaftern als notwendigem personellen Unterbau abhängig ist. Befindet sich die Gesellschaft in der Krise und ermöglicht ihr der Gesellschafter in dieser Situation den Fortbestand, dann ist es ihm auch zumutbar, sie später nicht dadurch noch zusätzlich zu schädigen, indem ein in der Krise gegebenes Darlehen noch während der Krise zurückverlangt wird; die Gesellschaft in der Krise erhält das Darlehen nur deswegen, weil der Kreditgeber kein beliebiger Fremder, sondern eben Gesellschafter ist (Rz. 33) und das Darlehen deshalb auf einer causa societatis beruht[394]. Diese letztlich auf § 242 BGB beruhende Lösung nimmt auf den gesellschaftsrechtlichen Hintergrund des Gesellschafterdarlehens Rücksicht, denn bei einer natürlichen Person als Schuldner wäre diese Wertung nicht möglich (Rz. 68). Die Stimmen im Schrifttum, die den Kapitalersatz insgesamt aufgrund einer Interessenabwägung mit der Begründung ablehnen[395], die §§ 607 ff. BGB enthielten eine abschließende Interessenbewertung zwischen dem Darlehensgeber und -nehmer, so daß keine Notwendigkeit bestünde, eine durch formale Rechtsanwendung materiell unrichtige Lösung zu verhindern, greifen deshalb zu kurz.

V. Folgerungen

117 Die hier vertretene Lösung rückt den Schutz des Gesellschaftsvermögens in den Vordergrund und nimmt den Gläubigerschutz zurück, weil letzterer nur mittelbar vom Kapitalersatz profitiert. Die entscheidende Wirkung des Eigenkapitalersatzes, nämlich die Bindung des Fremdkapitals an die Haftungsmasse der Gesellschaft, vollzieht sich nur im Verhältnis zwischen Gesellschaft und Gesellschafter. Da das Kriterium der Beteiligung am Stammkapital in § 32a Abs. 3 Satz 2 GmbHG ebenfalls dieses Verhältnis betrifft (Rz. 97), liegt in der objektiven ratio des Kapitalersatzes ein geeigneter Anknüpfungspunkt für die Ermittlung der ratio des § 32a Abs. 3 Satz 2 GmbHG.

§ 6 Die ratio der anderen Ausnahmen vom Eigenkapitalersatzrecht

I. Ausgangspunkt

Die hier vertretene Auffassung verlangt vom Gesellschafter, in Umkehrung seiner allgemeinen Zweckförderungspflicht Maßnahmen zu Lasten „seiner" Gesellschaft zu unterlassen und deshalb ein Darlehen, das er in der Krise gegeben hat, erst dann wieder abzuziehen, wenn die Krise überstanden ist. Diese Nichtschädigungspflicht als grundlegendste aller Gesellschafterpflichten trifft jeden Gesellschafter allein wegen seiner Eigenschaft als Mitglied der GmbH; zusätzliche materielle Kriterien, die den Umfang der Treuepflicht im Einzelfall gem. § 242 BGB bestimmen (Rz. 114), müssen zur ihrer Begründung nicht herangezogen werden. Trotzdem existieren eine Reihe von Vorschriften, die bestimmte Gesellschafter als Adressaten des Kapitalersatzes und damit auch als Adressaten dieser Treuepflicht ausschließen. Es sind dies die §§ 56e DMBilG, 24 UBGG, das Sanierungsprivileg des § 32a Abs. 3 Satz 3 GmbHG und nicht zuletzt das hier interessierende Kleinbeteiligtenprivileg des § 32a Abs. 3 Satz 2 GmbHG; die Beteiligungsgrenze in der AG von in der Regel 25% des Aktienbestandes gehört ebenfalls zu den anerkannten Ausnahmen. Als Bestandteil der gegenwärtig geltenden und deshalb zu respektierenden Rechtslage (Rz. 2) zwingen sie in ihrer Gesamtheit zum Abschied von der Vorstellung, die Eigenschaft des Gesellschafters reiche für sich allein genommen aus, um die Grundsätze über eigenkapitalersetzende Darlehen anwenden zu dürfen. Den umgekehrten Fall, nämlich die Unterwerfung von Krediten unter den Kapitalersatz trotz fehlender Gesellschafterstellung, hat das Gesetz in § 32a Abs. 3 Satz 1 GmbHG dagegen von Anfang 118 an geregelt; das Kleinbeteiligtenprivileg läßt sich als Gegenstück zum Umgehungstatbestand verstehen[396].

II. Die Ausnahmen

1. Das Sanierungsprivileg des § 32a Abs. 3 Satz 3 GmbHG

119 Das Sanierungsprivileg des § 32a Abs. 3 Satz 3 GmbHG (Rz. 3) stellt den „zum Zweck der Überwindung der Krise“ neu eintretenden Gesellschafter nicht nur hinsichtlich stehengelassener Altkredite, sondern auch neu vergebener Darlehen von den Rechtsfolgen des Eigenkapitalersatzrechts frei; obwohl der Sanierer in die Rolle des Gesellschafters schlüpft, führt dies nicht zur Anwendung der Regeln über den Eigenkapitalersatz. Hatte der BGH noch Anfang der 80er Jahre mit deutlichen Worten ein Sanierungsprivileg abgelehnt[397] und dadurch im Schrifttum eine Diskussion um ein Banken- oder Sanierungsprivileg losgetreten[398], läßt sich § 32a Abs. 3 Satz 3 GmbHG getrost als „Überraschungscoup“[399] bezeichnen. Unabhängig von den Detailproblemen, die die Vorschrift aufwirft[400], genügt in dem hier interessierenden Zusammenhang die grundsätzliche Feststellung, daß für einen neu eintretenden Gesellschafter[401] unter bestimmten Voraussetzungen nun die Möglichkeit besteht, ohne Obergrenze der zu er-

[396] K. *Schmidt*, ZIP **1996**, 1586, 1587.

[397] BGH, Urteil vom 21.9.1981, BGHZ **81**, 311.

[398] Z. B. *Claussen*, ZHR **147** (1983), 195; *Feuerborn*, Die Sparkasse **1982**, 19, 22; *Menzel*, AG **1982**, 197; *Rümker*, ZIP **1982**, 1385; K. *Schmidt*, ZHR **147** (1983), 165; *Uhlenbruck*, GmbHR **1982**, 141; *Ullrich*, GmbHR **1983**, 133; Harm Peter *Westermann*, ZIP **1982**, 379, 386 ff.

[399] *Dauner-Lieb*, DStR **1998**, 1517, 1518.

[400] Scholz/K. *Schmidt*, §§ 32a, 32b Rz. 194 ff.; *Altmeppen*, ZGR **1999**, 291; *Dauner-Lieb*, DStR **1998**, 1517; *Dörrie*, ZIP **1999**, 12; *Haas*, DZWIR **1999**, 177, 179 ff.; *Hirte*, ZinsO **1998**, 147, 150 ff.; *Obermüller*, ZInsO **1998**, 51, 52 ff.; *Pentz*, GmbHR **1999**, 437, 448 ff.; *Pichler*, WM **1999**, 411; Harm Peter *Westermann*, DZWIR **2000**, 1, 6 ff.; *Dauner-Lieb*, Handbuch, Rz. 4.21 ff.; vgl. auch *Seibert*, GmbHR **1998**, 309, 310.

[401] Bereits *Claussen*, ZHR **147** (1983), 195, 216 f., hielt die zeitliche Abfolge von Kreditgewährung und Begründung der Gesellschafterstellung für geeignet, den Tatbestand des § 32a GmbHG einzuschränken; vgl. auch *Junker*, ZHR **156** (1992), 394, 409; *Pichler*, WM **1999**, 411, 415 f.; *Uhlenbruck*, GmbHR **1982**, 141, 152; *Dauner-Lieb*, Handbuch, Rz. 4.43 f., 4.45 ff.

werbenden Anteile[402] den Rechtsfolgen der Regeln über eigenkapitalersetzende Darlehen zu entgehen. Sieht man von der Hürde ab, daß der Erwerb zum Zweck der Überwindung der Krise geschehen muß, stellt das die bisherige Rechtslage auf den Kopf[403], die im persönlichen Anwendungsbereich bisher davon ausgegangen ist, daß für die Anwendung des Kapitalersatzes allein die Eigenschaft des Kreditgebers als Gesellschafter ausreicht (Rz. 40).

Bei objektiver Betrachtung läßt sich § 32a Abs. 3 Satz 3 GmbHG dahingehend interpretieren, daß der Sanierer wegen seiner fehlenden Gesellschafterstellung für die Fehler in der Vergangenheit nicht verantwortlich ist und eine Unterwerfung der Kredithilfen unter den Eigenkapitalersatz deshalb nicht gerechtfertigt ist[404]. Einen ähnlichen Ansatz hatte bereits *Menzel* in der sich BGHZ **81**, 311 anschließenden Diskussion verfolgt, indem er das Maß der unternehmerischen Betätigung des Gesellschafters bis zum Eintritt der Krise für maßgeblich erklärte, um daran die Übernahme eines verschuldensunabhängigen unternehmerischen Risikos zu knüpfen, das als Rechtsfolge die Umqualifizierung nach sich zieht[405]; das Eigen- und damit auch das Stammkapital hat die Aufgabe, Fehler des Managements und geschäftliche Rückschläge aufzufangen[406]. Aus § 32a Abs. 3 Satz 3 GmbHG als Ausnahmevorschrift müßte konsequenterweise der Schluß gezogen werden, daß der Kapitalersatz insgesamt auf der mitunternehmerischen Verantwortung für die Gesellschaft beruht, wie es auch die Begründung zum KapAEG behauptet. Da die Beteiligungshöhe nur eine Vermutung dafür bieten kann, in welchem Ausmaß sich der Gesellschafter unternehmerisch betätigt bzw. wie hoch sein Einflußpotential ist (Rz. 33), müßte das Kleinbeteiligtenprivileg des § 32a Abs. 3 Satz 2 GmbHG als Ausdruck einer bewußt typisierenden Betrachtungsweise aufgefaßt werden, die im Interesse der Rechtssicherheit die tatsäch- **120**

402 *Dauner-Lieb*, DStR **1998**, 1517, 1519; *Dauner-Lieb*, Handbuch, Rz. 4.34.

403 *Claussen*, GmbHR **1996**, 316, 323, *Dauner-Lieb*, DStR **1998**, 1517, 1523 sprechen von einem Eingriff in den harten Kern des Kapitalersatzrechts.

404 Ebenso *Dauner-Lieb*, DStR **1998**, 1517, 1522; *Dauner-Lieb*, Handbuch, Rz. 4.15; vgl. auch *Altmeppen*, ZGR **1999**, 291, 298.

405 *Menzel*, AG **1982**, 197, 203.

406 *Claussen*, GmbHR **1996**, 316, 324; Arbeitskreis GmbH-Reform, 11, 13.

lichen Verhältnisse, wie sie in den Gesellschaften von Fall zu Fall variieren können, außer Acht läßt[407].

121 Der beschriebene Rückschluß von § 32a Abs. 3 Satz 3 GmbHG auf die ratio des Eigenkapitalersatzes und damit auch auf die des § 32a Abs. 3 Satz 2 GmbHG ist jedoch fragwürdig[408]. Soll der entscheidende Grund für die Umqualifizierung eines Gesellschafterdarlehens in der mitunternehmerischen Stellung des Gesellschafters liegen, entsteht ein Widerspruch zwischen dem Kleinbeteiligten- und dem Sanierungsprivileg, dessen Gesetzesbegründung[409] ausdrücklich davon ausgeht, daß der Sanierer in der Krise Geschäftsanteile erwirbt, um in verstärktem Maße Einfluß und Überwachung zu erhalten[410], während § 32a Abs. 3 Satz 2 GmbHG gerade die fehlende mitunternehmerische Verantwortung für sich in Anspruch nimmt (Rz. 28)[411]. Diesem Widerspruch kann man nur dadurch entgehen, indem die Betrachtung auf den Zeitraum bis zum Eintritt der Krise beschränkt wird[412]; danach käme es also nur auf den Einfluß bis zum Kriseneintritt an. *Altmeppen* wendet dagegen ein, mit dieser Interpretation sei es nicht vereinbar, daß sich der Gesellschafter in der Krise durch Reduzierung seiner Beteiligung unter die Grenze des § 32a Abs. 3 Satz 2 GmbHG aus der Verantwortung stehlen könne[413]; in diesem Fall dürfte aber eine Umgehung i. S. d. § 32a Abs. 3 Satz 1 GmbHG vorliegen. Zweifelhaft ist aber, ob sich den Sätzen 2 und 3 des § 32a Abs. 3 GmbHG solche weitreichenden Folgen für die ratio des Kapitalersatzes überhaupt entnehmen lassen. Die beiden Neuregelungen wurden nicht als Ganzes, sondern nacheinander erlassen, nämlich das Sanierungsprivileg erst als Reaktion auf den Widerstand gegen die Kleinbeteiligtenschwelle[414]; sie sind also nicht aufeinander abgestimmt worden. So geht die Gesetzesbegründung zu § 32a Abs. 3 Satz 2 GmbHG lediglich von einer systemimmanenten Klarstellung aus (Rz. 28) und nahm auf die Entscheidung

407 Vgl. *Dauner-Lieb*, DStR **1998**, 1517, 1522 Anm. 92.

408 Ablehnend *Pentz*, GmbHR **1999**, 437, 440.

409 Bericht des Rechtsausschusses, BT-Drucksache 13/**10038**, 28.

410 Vgl. auch *Claussen*, GmbHR **1996**, 316, 323; *Ullrich*, GmbHR **1983**, 133, 135 f.

411 *Altmeppen*, ZGR **1999**, 291, 298; *Dauner-Lieb*, DStR **1998**, 1517, 1522; *Dauner-Lieb*, Handbuch, Rz. 4.13.

412 Vgl. *Altmeppen*, ZGR **1999**, 291, 298.

413 *Altmeppen*, ZGR **1999**, 291, 296.

414 *Seibert*, GmbHR **1998**, 309 f.

BGHZ **90**, 381 Bezug, in der von einer Verantwortlichkeit des Gesellschafters für die Krise nicht die Rede ist. Das Sanierungsprivileg soll dagegen „eine ganz andere Zielrichtung als die Kleinbeteiligtenschwelle“[415] verfolgen. Aus dieser Formulierung läßt sich nur der Schluß ziehen, daß der Gesetzgeber in der Sanierungsbeteiligung einen Wert an sich sieht[416] und ohne jeden Bezug zur ratio des Eigenkapitalersatzes und ganz bewußt ohne Rücksicht auf das gerade erlassene Kleinbeteiligtenprivileg lediglich der oft gescholtenen Sanierungsfeindlichkeit[417] des Kapitalersatzes begegnen wollte. In der Tat betrifft die Frage nach der Regelung der Rechtsstellung eines kleinbeteiligten und der eines neu eintretenden Gesellschafters zwei ganz unterschiedliche Sachverhalte, die vom Gesetzgeber von vornherein nicht unbedingt gleich behandelt werden müssen, so daß Rückschlüsse von der einen auf die andere Ausnahme nicht zwingend sind. Ausweislich seiner Gesetzesbegründung wird von § 32a Abs. 3 Satz 3 GmbHG auch der kleinbeteiligte Altgesellschafter erfaßt, der seine Beteiligung zum Zweck der Überwindung der Krise auf über 10% des Stammkapitals erhöht[418]. Das entscheidende Moment des Sanierungsprivilegs ist also nicht der Eintritt eines neuen Gesellschafters, sondern die Übernahme von Beteiligungen durch solche Personen, die vor dem Anteilserwerb nicht dem Eigenkapitalersatz unterlegen haben; wer schon vor dem Erwerb dem Kapitalersatz unterlag, kann demzufolge auch nicht rückwirkend hiervon befreit werden[419]. Sinn und Zweck des Sanierungsprivilegs ist es, die fehlende Adressatenstellung i. S. d. des Kapitalersatzes der Personen aufrechtzuerhalten, die durch den Erwerb einer Beteiligung an sich unter den Kapitalersatz fallen würden; das Sanierungsprivileg nimmt bloß den status quo des Helfers auf und konserviert ihn, trifft aber keine Aussage über das warum. Daß der außenstehende Gläubiger nicht unter die Regeln über eigenkapitalersetzende Darlehen fällt (Ausnahme: § 32a Abs. 3 Satz 1 GmbHG), ist eine Selbstverständlichkeit und wird diese Rechtsstellung unter den Voraussetzungen des § 32a Abs. 3 Satz 3 GmbHG aufrechterhalten, läßt sich daraus kein besonderer

415 Bericht des Rechtsausschusses, BT-Drucksache 13/**10038**, 28.

416 *Dauner-Lieb*, Handbuch, Rz. 4.14.

417 *Menzel*, AG **1982**, 197, 201; *Rümker*, ZIP **1982**, 1385, 1387 f.; *Uhlenbruck*, GmbHR **1982**, 141, 142 f.; Harm Peter *Westermann*, ZIP **1982**, 379, 380; kritisch K. *Schmidt*, ZHR **147** (1983), 165, 179; *Ullrich*, GmbHR **1983**, 133, 137.

418 Bericht des Rechtsausschusses, BT-Drucksache 13/**10038**, 28.

419 Bericht des Rechtsausschusses, BT-Drucksache 13/**10038**, 28.

Schluß für den Grund der Privilegierung ziehen. Gleiches gilt für den kleinbeteiligten Gesellschafter, der durch zusätzlichen Anteilserwerb unter das Sanierungsprivileg fällt; auch hier wird lediglich die Privilegierung des § 32a Abs. 3 Satz 2 GmbHG fortgeführt. Die ratio des § 32a Abs. 3 Satz 2 GmbHG kann deshalb nicht im Unterschied zum Sanierer, sondern nur im Unterschied zum Mitgesellschafter liegen, der mit einer Beteiligung von mehr als 10% am Stammkapital beteiligt ist und deshalb dem Kapitalersatz unterliegt.

2. BGHZ 90, 381 - Beteiligungsschwelle in der AG

122 In der AG ist seit BGHZ **90**, 381 eine Beteiligungschwelle von prinzipiell 25% des Aktienbestandes anerkannt. Grund für diese Grenze war die mit Hilfe der Beteiligungshöhe als Indiz getroffene Unterscheidung zwischen dem Anleger- und dem Unternehmertyp des Gesellschafters in der börsennotierten AG (Rz. 41). In Hinblick auf die Treuepflicht zur Nichtschädigung der Gesellschaft läßt sich dieser Gedanke damit rechtfertigen, daß die AG regelmäßig Publikumsgesellschaft ist, in der das Verhältnis eines gering beteiligten Gesellschafters zur Gesellschaft rein kapitalistischer Natur und die Bindung deshalb nur schwach ausgeprägt ist. Diese Unterscheidung ist in der GmbH nicht möglich (Rz. 42), da sie typischerweise auf eine personalistische Struktur angelegt ist[420], und enzieht sich deshalb einer Verallgemeinerung.

3. § 56e DMBilG

123 Die Vorschrift des § 56e DMBilG[421] wurde durch Art. 11 § 6 des Zweiten Vermögensrechtsänderungsgesetzes eingefügt[422]. Nach Satz 1 der Vorschrift finden die §§ 32a, 32b GmbHG auf Altverbindlichkeiten (Art. 25 Abs. 7 Einigungsvertrag) und Kredite der Treuhandanstalt (THA) keine

420 K. *Schmidt*, GesR, § 33 III 2 d).

421 Gesetz über die Eröffnungsbilanz in Deutscher Mark und die Kapitalneufestsetzung (D-Markbilanzgesetz - DMBilG), in Kraft getreten mit dem Gesetz zu dem Vertrag vom 31. August 1990 zwischen der Bundesrepublik Deutschland und der Deutschen Demokratischen Republik über die Herstellung der Einheit Deutschlands - Einigungsvertragsgesetz - und der Vereinbarung vom 18. September 1990 vom 23.9.1990, BGBl. II, 885, 1169; letzte Bekanntmachung der Neufassung vom 28.7.1994, BGBl. I, 1842.

422 Gesetz zur Änderung des Vermögensgesetzes und anderer Vorschriften (Zweites Vermögensrechtsänderungsgesetz - 2. VermRÄndG) vom 14.7.1992, BGBl. I, 1257, 1284.

Anwendung. Gleiches gilt für solche Darlehen, für die sich die THA verbürgt oder für die sie eine Sicherung bestellt hat. Hintergrund der Regelung ist, daß die ehemals volkseigenen Unternehmen im wesentlichen von zwei Kreditformen leben. Zum einen handelt es sich um Kredite der früheren Staatsbank und jetzigen Berliner Staatsbank, zum anderen um die Kredite, die unter der Bürgschaft der THA gewährt wurden[423]. Durch § 11 Abs. 2 TreuhandG[424] waren aus der Umwandlung ehemals sozialistischer Wirtschaftseinheiten eine Vielzahl von Kapitalgesellschaften hervorgegangen. Die Probleme bei der Finanzierung dieser Unternehmen bestanden vor allem in der Unklarheit ihrer Vermögensverhältnisse durch eine von westlichen Maßstäben abweichende Rechnungslegung, in unklaren Eigentumsverhältnissen und einer mangelhaften Eigenkapitalausstattung[425]. Diese Probleme ist der Gesetzgeber angegangen[426]: Zunächst bewirkt § 1 DMBilG einen Neubeginn der Vermögensdarstellung. Die dadurch in der Regel bedingte Überschuldung infolge stark erniedrigter Buchwerte wird bei Sanierungsfähigkeit des Unternehmens durch Gewährung einer Ausgleichsforderung gem. § 24 Abs. 1 DMBilG ausgeglichen. Liegt das Eigenkapital dann bei Null oder nur unwesentlich höher, muß das Eigenkapital mindestens in der gesetzlichen Mindesthöhe neu festgesetzt werden; der Fehlbetrag darf als ausstehende Einlageforderung ausgewiesen werden, die sich u. a. gegen die THA richten kann (§ 26 DMBilG). Zusätzliche Verbesserungen für die Eigenkapitalausstattung erlaubt § 31 DMBilG durch Bildung einer vorläufigen Gewinnrücklage, indem in Abweichung von allgemeinen Grundsätzen bestimmte Posten aktiviert werden dürfen. Zuletzt sieht die EntschuldungsVO[427] eine gänzliche oder teilweise Befreiung von Altschulden vor, die bis zum 30.6.1990 entstanden waren.

Diese Maßnahmen reichten nicht aus, um insbesondere bei größeren Unternehmen das dringende Bedürfnis nach ausreichendem Eigenkapital zu stillen und die Treuhandunternehmen an den westlichen Produktivi- 124

[423] *Claussen*, GmbHR **1994**, 9, 11.

[424] Gesetz zur Privatisierung und Reorganisation des volkseigenen Vermögens (TreuhandG) vom 17.6.1990, GBl. I DDR, 300.

[425] *Horn*, FS für Heinsius, 323 f.

[426] Dazu *Horn*, FS für Heinsius, 323, 325 ff.

[427] Verordnung über Maßnahmen zur Entschuldung bisher volkseigener Unternehmen von Altkrediten (Entschuldungsverordnung) vom 5.9.1990, GBl. I DDR, 1435.

tätsstandard heranführen zu können[428]; um dies zu ermöglichen, mußten die Vorschriften über den Kapitalersatz suspendiert werden[429]. § 56e DMBilG hat darüber hinaus im Ergebnis, d. h. unabhängig von der streitigen Frage, ob er klarstellenden oder konstitutiven Charakter hat, den Streit darüber beendet, ob diese Darlehen eigenkapitalersetzend sind[430]. Verfassungsrechtliche Bedenken, begründet u. a. mit einer nicht gerechtfertigten Sonderbehandlung der THA (Art. 3 GG)[431], haben sich nicht durchgesetzt[432].

125 Der Grund für den Erlaß des § 56e DMBilG war also nicht dogmatischer Natur, sondern lag in wirtschaftspolitischen Erwägungen für den Aufbau Ost begründet. Im Normalfall findet der Kapitalersatz eine abgewirtschaftete Gesellschaft vor, die durch den Abzug von Gesellschafterdarlehen weiter gefährdet würde. In dieser Situation geht es nur um die Verhinderung einer weiteren Verschlechterung, indem Fremdkapital bestimmten Ursprungs als Eigenkapital behandelt wird. Anders verhält es sich bei den Gesellschaften, die aus Unternehmen der ehemaligen DDR hervorgegangen sind. Hier haben bereits die aufgezählten Maßnahmen Platz gegriffen, um die Gesellschaft zumindest aus der Überschuldung herauszuführen. Die Probleme sind hier nicht gesellschaftsintern, sondern in der überlegenen westlichen Wirtschaft begründet, mit der die neuen Gesellschaften mehr oder weniger über Nacht konkurrieren müssen. Die Besonderheit des § 56e DMBilG liegt darin, daß er den Ursprung der Krise berücksichtigt, um den Aufbau von Unternehmen, die mit Hilfe gesetzlicher Maßnahmen gerade eben auf die Füße gekommen sind, nicht von vornherein in einer Situation zum Scheitern zu verurteilen, in der an sich benötigtes Eigenkapital nicht verfügbar ist[433]. Hier droht der Eigenkapitalersatz die Bemühungen des Gesetzgebers in Gestalt des DMBilG

428 *Horn*, Festschrift für Heinsius, 323, 334 f.

429 *Claussen*, GmbHR **1994**, 9, 11.

430 *Claussen*, GmbHR **1994**, 9, 11; vgl. auch *Dornberger/Dornberger*, DB **1992**, 1613, 1621.

431 *Weimar*, VIZ **1993**, 47, 48; *Weimar/Alfes*, DB **1992**, 1225.

432 BGH, Urteil vom 7.12.1998, BGHZ **140**, 156, 159 ff.; OLG Dresden, Urteil vom 4.8.1994, GmbHR **1994**, 700, 702 ff.; der BGH hat die Revision dagegen nicht angenommen (Beschluß vom 13.11.1995, II ZR 218/94), DB **1995**, 2518.

433 Ein im Soldidarpakt 1993 vorgesehenes Projekt in Form eines Beitrags des Kreditwesens in Höhe von 1. Mrd. DM als Eigenkapital für THA-Unternehmen ist nicht verwirklicht worden, *Claussen*, GmbHR **1994**, 9, 12.

zu vernichten. Deshalb war die Ausnahme des § 56e DMBilG geboten, die der Sache nach nichts anderes als ein Sanierungsprivileg wie § 32a Abs. 3 Satz 3 GmbHG ist[434]. Daraus ergibt sich auch, daß sich aus § 56e DMBilG in Hinblick auf die ratio des Kapitalersatzes nichts herleiten läßt. Es handelt sich um eine Spezialvorschrift, die aus einer historischen Sondersituation[435] hervorgegangen ist.

4. § 24 UBGG

§ 25 a. F. UBGG[436] sah vor, daß für die Anwendung der Vorschriften über kapitalersetzende Darlehen die einer Unternehmensbeteiligungsgesellschaft (UBG) gehörenden Anteile an einem Unternehmen nicht den Kreditinstituten und Versicherungsunternehmen zugerechnet werden, die mit der UBG nach den sinngemäß anzuwendenden §§ 15-19 AktG verbunden sind. Das UBGG verfolgt das Ziel, der sich seit den 60er Jahren verschlechternden Eigenkapitalausstattung nicht börsennotierter mittelständischer Unternehmen entgegenzuwirken, indem Erschwernisse bei der Beschaffung von Eigenkapital über indirekte Beteiligungen beseitigt werden. Dadurch sollen gleichzeitig Wettbewerbsnachteile gegenüber etablierten Großunternehmen abgebaut und die Beteiligung von Arbeitnehmern am Produktivkapital der Wirtschaft erleichtert werden[437]. Die UBG hat die Aufgabe, vom anlagesuchenden Publikum bereitgestelltes Kapital zu bündeln und in die verschiedenen gesellschaftsrechtlich zulässigen Beteiligungsformen an junge, mittelständische und häufig innovative Unternehmen weiterzuleiten[438], die vor allem in den Rechtsformen der GmbH, GmbH & Co. und Kleinen AG (vgl. § 3 UBGG) geführt werden[439]. Dadurch soll dem Mittelstand zur Verbesserung seiner Außenfinanzierungsmöglichkeiten ein indirekter Zugang zu organisierten Märkten für Eigenkapital eröffnet und einem breiten Anlegerpublikum die Mög- 126

434 *Goette*, RWS-Forum 15, 1, 20.

435 *Hirte*, RWS-Forum 10, 145, 159.

436 Gesetz über Unternehmensbeteiligungsgesellschaften (UBGG) vom 17.12.1986, BGBl. I, 2488.

437 Begründung RegE UBGG, BT-Drucksache 10/4551, 12.

438 Begründung RegE UBGG, BT-Drucksache 10/4551, 13.

439 *Claussen*, GmbHR 1996, 316, 319; *Kollhosser*, WM 1985, 929.

lichkeit verschafft werden, sich (mittelbar) an mittelständischen Unternehmen zu beteiligen[440].

127 Die Ausnahme vom Kapitalersatz wurde zugelassen, um den Anlauf der zwingend als AG (§ 2 Abs. 1 UBGG) zu betreibenden UBG zu erleichtern. Der Gesetzgeber ging davon aus, daß das erforderliche Startkapital nicht bereits durch den Verkauf der Aktien im Publikum aufgebracht wird, sondern vor allem von Versicherungs- und Kreditunternehmen bereitgestellt werden muß, die als Gründer von UBGs auftreten und gleichzeitig an das Unternehmen, an dem die UBG beteiligt ist, Kredite zur Unterstützung in der Anlaufphase vergeben. Dieses erwünschte Verhalten soll dadurch angeregt werden, indem diese Kredite von der Gefahr des Eigenkapitalersatzrechts verschont bleiben. Aus diesem Grund war die Geltung dieser Ausnahme zunächst auf eine Frist von vier Jahren ab der Beteiligung der UBG am Unternehmen begrenzt worden[441], die durch Art. 9 des Zweiten Finanzmarktförderungsgesetzes[442] auf zehn Jahre verlängert wurde. Art. 7 des Dritten Finanzmarktförderungsgesetzes faßte § 25 UBGG a. F. in § 24 UBGG neu und erweiterte den Anwendungsbereich auf sämtliche Gesellschafter, indem auf das Abhängigkeitsverhältnis i. S. d. §§ 15-19 AktG verzichtet wird[443]. In der bislang letzten Neufassung des UBGG gilt z. Z. eine Frist von 12 Jahren (§ 26 Abs. 3 UBGG)[444].

128 Auch diese Ausnahme ist demnach rein finanzpolitisch motiviert. Noch deutlicher als bei § 56e DMBilG kommt hier zum Ausdruck, daß es bei dieser Ausnahme nicht - wie sonst beim Eigenkapitalersatz üblich - um die Verhinderung des endgültigen Bankrotts geht, sondern um Starthilfe für einen Gesellschaftstyp, der vom Gesetzgeber zu einem bestimmten Zweck ins Leben gerufen wurde. Auch § 24 UBGG hat damit keine ausstrahlende Wirkung auf das System des Eigenkapitalersatzes.

440 Begründung RegE UBGG, BT-Drucksache 10/4551, 1.

441 Begründung RegE UBGG, BT-Drucksache 10/4551, 30 f.

442 Gesetz über den Wertpapierhandel und zur Änderung börsenrechtlicher und wertpapierrechtlicher Vorschriften (Zweites Finanzmarktförderungsgesetz) vom 26.7.1994, BGBl. I, 1749.

443 Gesetz zur weiteren Fortentwicklung des Finanzplatzes Deutschland (Drittes Finanzmarktförderungsgesetz) vom 24.3.1998, BGBl. I, 529.

444 Bekanntmachung der Neufassung des Gesetzes über Unternehmensbeteiligungsgesellschaften vom 9.9.1998, BGBl. I, 2765.

III. Ergebnis

Aus keiner der Ausnahmen vom Eigenkapitalersatz lassen sich Rückschlüsse auf die ratio des Eigenkapitalersatzes oder auf die des § 32a Abs. 3 Satz 2 GmbHG ziehen. Die §§ 56e DMBilG, 24 UBGG sind ausschließlich politisch motiviert und greifen schon nicht bei der Art von Krise ein, wie sie das Eigenkapitalersatzrecht typischerweise voraussetzt, nämlich ein von Gesellschaftern und Geschäftsführern heruntergewirtschaftetes Unternehmen. Das Sanierungsprivileg des § 32a Abs. 3 Satz 3 GmbHG geht zwar wie § 32a Abs. 3 Satz 2 GmbHG von der typischen Krise aus, ist aber ebenfalls ausschließlich politisch zu verstehen und läßt keine Rückschlüsse auf die Kleinbeteiligtenschwelle zu; letzteres kennzeichnet auch die Beteiligungsschwelle in der AG. 129

§ 7 Die objektive ratio legis des § 32a Abs. 3 Satz 2 GmbHG

I. Ausgangspunkt

Der Eigenkapitalersatz ist seinem Grundgedanken nach ausschließlich mit der Treuepflicht begründbar. Die genannten Ausnahmevorschriften erfordern jedoch weitere materielle Kriterien, um der Pflicht zur Nichtschädigung der Gesellschaft genauere inhaltliche Konturen zu geben. Das Instrument der Treuepflicht ist flexibel und Konkretisierungen zugänglich; Ausnahmen vom Kapitalersatz sind nicht von vornherein ausgeschlossen, weil der Rückforderungsanspruch nur mittelbar im Wege ausstrahlender Wirkung von der Treuepflicht erfaßt wird (Rz. 116). Da sich den anderen Ausnahmen keine Anhaltspunkte für die ratio des Kapitalersatzes und für die ratio des § 32a Abs. 3 Satz 2 GmbHG entnehmen lassen, kann die Bedeutung des Kleinbeteiligtenprivilegs bei abstrakter Betrachtung nur darin bestehen, die Intensität der Treuepflicht zu regeln und dafür einen Gradmesser zu verwenden, der sich an die Höhe der Beteiligung am Stammkapital knüpfen läßt. 130

II. Auslegungsmöglichkeiten

Der Wortlaut des § 32a Abs. 3 Satz 2 GmbHG erklärt einzig und allein die Beteiligung in Höhe von höchstens 10% am Stammkapital für maßgebend. Daß die Vorstellungen des Gesetzgebers, die zum Kleinbeteiligtenprivileg geführt haben, unzutreffend sind, wurde bereits festgestellt 131

(Rz. 32 ff.). Bei objektiver und unbefangener Betrachtung des § 32a Abs. 3 Satz 2 GmbHG ergeben sich mehrere Auslegungsmöglichkeiten. Nach der vordergründigsten und streng am Wortlaut orientierten Auslegung kommt es einzig und allein auf die Beteiligung am Stammkapital an. Bei Berücksichtigung der Beteiligungshöhe am Stammkapital als Maßstab für den Geschäftsanteil (§ 14 GmbHG) kann auch die Höhe des Gewinnrechts (§ 29 Abs. 3 Satz 1 GmbHG) oder bzw. und des Stimmrechts in der Gesellschafterversammlung (§ 47 Abs. 2 GmbHG) von Bedeutung sein. Die Beteiligung am Stammkapital gibt prima facie aber auch ganz allgemein an, wie stark der Gesellschafter in das Unternehmen involviert ist; davon geht auch die Gesetzesbegründung zu § 32a Abs. 3 Satz 2 GmbHG aus, wenn sie die aus ihrer Sicht entscheidende Insiderstellung und mitunternehmerische Verantwortung des geringfügig beteiligten Gesellschafters verneint (Rz. 28). Problematisch ist indessen, welcher dieser genannten Gesichtspunkte den Ausschlag geben soll. Ausgangspunkt muß die Tatsache sein, daß es für den Kapitalersatz nach wie vor grundsätzlich nur darauf ankommt, daß der Kreditgeber zugleich Gesellschafter ist. Da denkbare Schäden infolge der Vergabe von Gesellschafterdarlehen (Rz. 100) in genau derselben Form eintreten können, wenn das Darlehen von einem Außenstehenden gegeben wird[445], und auch die objektive Funktion des Darlehens als Haftkapital nicht auf den Gesellschafter beschränkt ist (Rz. 76), kann die inhaltliche Konkretisierung der Treuepflicht nur in spezifischen Unterschieden zwischen diesen beiden Personenkreisen liegen. Vordergründig liegt dieser Unterschied darin, daß sich der Gesellschafter als Darlehensgeber in einer Doppelrolle befindet[446]; diese Überlegung bedarf der Konkretisierung[447].

445 *Immenga*, ZIP **1983**, 1405, 1410; *Sonnenberger*, NJW **1969**, 2033, 2037; *Haas*, Geschäftsführerhaftung, 61.

446 *Altmeppen*, ZIP **1993**, 1677, 1682; *Bäcker*, ZIP **1989**, 681, 684; *Farrenkopf/Cahn*, AG **1983**, 151, 155; *Fleck*, FS für Werner, 107, 120; *Hommelhoff*, WM **1984**, 1105, 1115; *Immenga*, ZIP **1983**, 1405, 1410; *Karollus*, FS für Claussen, 199, 204; *Karollus*, ZIP **1996**, 1893, 1894; *Koppensteiner*, AG **1998**, 308, 314; *Luckan/Schacht*, DB **1970**, 1449, 1452; *Menzel*, AG **1982**, 197, 201 ff.; *Mertens*, AcP **178** (1978), 227, 246; *Rümker*, ZIP **1982**, 1385, 1391; K. *Schmidt*, ZHR **147** (1983), 165, 182; K. *Schmidt*, ZIP **1981**, 689, 690; *Schönle*, GmbHR **1960**, 63, 64; *Sonnenberger*, NJW **1969**, 2033, 2037; *Uhlenbruck*, GmbHR **1982**, 141, 142; *Ullrich*, GmbHR **1983**, 133, 142; *Ulmer*, ZIP **1984**, 1163, 1166; *Ulmer*, GmbH-Recht, 55, 59; *Ulmer*, FS für Duden, 661, 673; Harm Peter *Westermann*, ZIP **1982**, 379, 389 ff.; *Wiedemann*, Haftung, 5, 28; *Immenga*, Kapitalgesellschaft, 422.

1. Erhalt der Einlage

§ 32a Abs. 3 Satz 2 GmbHG nimmt auf die prozentuale Beteiligung am Stammkapital und damit auf die Höhe der geleisteten Einlage im Verhältnis zu den Mitgesellschaftern Bezug. Einen Hinweis auf dieses kapitalistische Element enthält auch § 32a Abs. 3 Satz 1 GmbHG, der auf die wirtschaftliche Vergleichbarkeit abstellt; in seiner Untersuchung des § 32a Abs. 3 Satz 1 GmbHG hat *Altmeppen* diesen Ansatz konsequent verfolgt und für maßgebend erklärt, ob der Kreditgeber bereits mit Risikokapital in dem Schuldnerunternehmen engagiert ist; nur dann sei zu vermuten, daß er die Mittel nicht als Partner des Austauschvertrages „Darlehen", sondern in seiner Rolle als am Unternehmen Beteiligter (causa societatis) gewährt hat[448]. Stets hat der GmbH-Gesellschafter im Gegensatz zum außenstehenden Drittgläubiger sein Haftkapital in der Gesellschaft stehen, dessen Verlust er durch eine erfolgreiche Sanierung abwenden kann[449]. Die Verbindung zwischen bloßem Kreditrisiko und der Chance, den Geschäftsanteil wieder „auffüllen" zu können, wurde bereits als „Doppelvorteil" bezeichnet; allerdings trifft dieser Gesichtspunkt in gewisser Weise auch auf außenstehende Kreditgeber mit Altverbindlichkeiten gegen die Gesellschaft zu (Rz. 89). Richtig ist, daß jeder Gläubiger an einer Sanierung ein Interesse hat, damit er seine Forderungen gegen die Gesellschaft nicht abschreiben muß. Unternehmenssanierungen sind auch volkswirtschaftlich wünschenswert, z. B. um die Vernichtung von Arbeitsplätzen zu verhindern; der Konkurs ist für alle Beteiligten das denkbar schlechteste Ende eines Unternehmens. Trotzdem unterscheidet sich die Situation des bloßen Gläubigers von der des Gesellschafters in der Weise, daß der Gesellschafter „seinen" Anteil am haftenden Stammkapital, der Außenstehende schuldrechtliche Verbindlichkeiten, also nur Fremdkapital retten will. Die Bedeutung dieses Unterschieds für das Eigenkapitalersatzrecht kann darin liegen, daß der vom Gesellschafter spezifisch erstrebte Vorteil durch den Nachteil der Umqualifizierung ausgeglichen werden soll, mit anderen Worten: Wer in einer Krise als Gesellschafter „sein" Eigenkapital retten will, muß dafür auch Eigenkapital **132**

[447] Vgl. *Immenga*, ZIP **1983**, 1405, 1410 f.; *Wiedemann*, FS für Beusch, 893, 906; *Haas*, Geschäftsführerhaftung, 61 ff.

[448] *Roth/Altmeppen*, § 32a Rz. 6; *Altmeppen*, ZIP **1993**, 1677, 1682 ff.

[449] *Menzel*, AG **1982**, 197, 203; *Ullrich*, GmbHR **1983**, 133, 144; vgl. auch *Ulmer*, ZIP **1984**, 1163, 1166 f. zum unternehmerischen Eigeninteresse.

einsetzen und darf nicht auf Fremdkapital ausweichen; wer lediglich „sein“ Fremdkapital retten will, darf dies auch mit Einsatz von neuem Kapital versuchen, das nur Fremdkapital ist. In Hinblick auf die Treuepflicht zur Nichtschädigung der Gesellschaft läßt sich dieser Gedanke in der Weise fruchtbar machen, daß die Frage, ob es dem Gesellschafter zumutbar ist, sich dem Gesellschaftsinteresse unterzuordnen, davon abhängig sein soll, wie hoch der Einlagenverlust im Falle der Insolvenz wäre. Die Gesellschaft ist in ihrem Bestand von der Gesamtheit der Gesellschafter als notwendigem personellen Unterbau abhängig (Rz. 116); mit Hilfe der Anteilshöhe am Stammkapital kann das Maß dieser Abhängigkeit in dem Sinne bestimmt werden, welchen Gesellschafter die Pflicht trifft, die Gesellschaft nicht durch den Abzug von Fremdmittel zu schädigen.

2. Erhalt des Gewinnpotentials

133 Eine weitere Ausprägung der Sichtweise des Gesellschafters in seiner Doppelrolle als Kreditgeber und damit auch des „Doppelvorteils“ ist die Chance, über die Beteiligung an der Gesellschaft hinaus das damit verbundene Gewinnpotential zu retten[450], das bei der GmbH nicht einmal mit persönlicher Haftung verbunden ist. Eigenkapital hat Nutzungsfunktion[451], d. h. Ausschüttungen an die Gesellschafter dürfen nur aus dem Gewinn der Gesellschaft erfolgen, der unter Einsatz des Eigenkapitals erwirtschaftet wurde; will sich der Gesellschafter diese Nutzungsfunktion erhalten, soll er Eigenkapital einsetzen müssen[452].

3. Informationsvorsprung

134 Jeder GmbH-Gesellschafter hat gegen die Gesellschaft einen unabdingbaren (§ 51a Abs. 3 GmbHG) Anspruch aus § 51a Abs. 1 GmbHG auf Auskunft über die Angelegenheiten der Gesellschaft und auf Einsicht-

450 Auf das Gewinnpotential hinweisend *Ballerstedt*, ZHR **135** (1972), 383, 392; *Immenga*, ZIP **1983**, 1405, 1410; *Pentz*, GmbHR **1999**, 437, 446; *Pleyer*, GmbHR **1960**, 43, 44; *Reinhardt*, FS für Lehmann, 567, 580; *Ullrich*, GmbHR **1983**, 133, 144; *Ulmer*, FS für Duden, 661, 673; *Immenga*, Kapitalgesellschaft, 422.

451 *Wiedemann*, FS für Beusch, 893, 898.

452 Vgl. *Immenga*, ZIP **1983**, 1405, 1410: Partizipation am Unternehmenserfolg ist nur suspekt, wenn er in der Krise ohne den gebotenen Einsatz von Eigenkapital verfolgt wird.

nahme in deren Geschäftsbücher. Dementsprechend wird auf die Insiderstellung des Gesellschafters hingewiesen, aus der sich ein Informationsvorsprung gegenüber Außenstehenden ergeben soll[453]. Das gilt allerdings nicht nur für solche Gesellschafterdarlehen, die in der Krise gegeben werden[454]. Die These vom Informationsvorsprung des Gesellschafters gegenüber dem außenstehenden Gläubiger trifft in dieser Allgemeinheit auch nur auf den Deliktsgläubiger zu[455]. Vor allem Banken als professionelle Kreditgeber ziehen über die finanzielle Situation eines potentiellen Kunden Auskünfte ein bzw. machen die Kreditvergabe von der Erteilung solche Auskünfte abhängig und können insoweit dem Gesellschafter gleichstehen[456]; Gesellschafterdarlehen sind in der Regel gesondert auszuweisen (§ 42 Abs. 3 GmbHG). Zwar steht damit nicht fest, daß sie eigenkapitalersetzenden Charakter haben, der gesonderte Ausweis kann aber zumindest zur Vorsicht mahnen[457]. *Erlinghagen* meint, es sei leichter, sich über die Verhältnisse einer GmbH zu informieren als über die eines Einzelkaufmanns[458].

Das Problem des Gläubigerschutzes vor Insiderinformationen ist ein **135**
allgemeines Problem[459]. Im Zusammenhang mit der Vergabe eines Gesellschafterdarlehens kann ein Informationsvorsprung in zwei Situationen von Bedeutung sein: Für einen Gläubiger der Gesellschaft kann sich im nachhinein herausstellen, daß er nicht kontrahiert hätte, wenn ihm bekannt gewesen wäre, daß die Gesellschaft schon im Zeitpunkt des Vertrags-

453 BGH, Urteil vom 26.3.1984, BGHZ **90**, 381, 388; Begründung RegE KapAEG, BT-Drucksache 13/**7141**, 11; *Bäcker*, ZIP **1989**, 681, 684; *Ballerstedt*, ZHR **135** (1972), 383, 392; *Fleck*, FS für Werner, 107, 116; *Immenga*, GmbHR **1970**, 258 f.; *Luckan/Schacht*, DB **1970**, 1449, 1452 f.; *Lutter*, Probleme, 63, 77; *Sonnenberger*, NJW **1969**, 2033, 2037; *Steindorff*, ZHR **132** (1969), 280, 281 f.; *Ulmer*, FS für Duden, 661, 673; Harm Peter *Westermann*, FS für Oppenhoff, 535, 541; Harm Peter *Westermann*, ZIP **1982**, 379, 390.

454 *V. Caemmerer*, FS für Sanders, 17, 23; *Grunewald*, GmbHR **1997**, 7, 8.

455 *Grunewald*, GmbHR **1997**, 7, 8.

456 *Habersack*, ZHR **162** (1998), 201, 220; *Immenga*, ZIP **1983**, 1405, 1410; *Koppensteiner*, AG **1998**, 308, 314, 315 f.; *Menzel*, AG **1982**, 197, 200; *Rümker*, ZGR **1988**, 494, 505; *Uhlenbruck*, GmbHR **1982**, 141, 148; *Haas*, Geschäftsführerhaftung, 62.

457 Vgl. *Luckan/Schacht*, DB **1970**, 1449, 1455.

458 *Erlinghagen*, FS für Kaufmann, 139, 142.

459 *Luckan/Schacht*, DB **1970**, 1449; *Mertens*, AcP **178** (1978), 227, 245 f.; *Uhlenbruck*, GmbHR **1982**, 141, 148.

schlußes nur noch mit der Hilfe von Gesellschafterdarlehen am Leben gehalten wurde. Für einen Gesellschafter, der der Gesellschaft in der Krise einen Kredit gewährt hat, kann sich die Frage stellen, ob es aus seiner Sicht ratsam erscheint, das Darlehen wieder abzuziehen, weil der endgültige Zusammenbruch des Unternehmens kurz bevorsteht[460]. Auf beide Situationen paßt der Eigenkapitalersatz aber nicht. In der ersten Situation geht es um den Schutz des Neugläubigers, der nicht kontrahiert hätte, wenn ihm die prekäre Situation der Gesellschaft bekannt gewesen wäre (Rz. 100). Der Kapitalersatz wirkt aber sowohl zugunsten von Altgläubigern als auch von ahnungslosen Neugläubigern; ginge es ausschließlich um den Schutz von Neugläubigern, wäre konstruktiv eine Rechtsscheinhaftung der richtige Weg (Rz. 72). In der zweiten Situation, d. h. bei der Frage nach dem Abzug eines bereits gewährten Darlehens, stellt sich das Problem, daß bessere Information nicht zwingend mit dem entsprechenden Einfluß verbunden ist, um die Information auszunutzen[461]. Steht die Kündigungsfrist einem schnellen Abzug entgegen und wird eine vorzeitige Rückzahlung verweigert, nützt der Informationsvorsprung nichts (vgl. Rz. 90). Es kommt hinzu, daß der Eigenkapitalersatz nur im Verhältnis zwischen Gesellschaft und Gesellschafter wirkt, indem der Gesellschaft qualitativ weiteres Eigenkapital verschafft wird, das den Gläubigern reflexiv zugute kommt. Die Beschränkung auf dieses Verhältnis läßt es als ausgeschlossen erscheinen, daß ein Informationsgefälle zwischen Gesellschafter und Drittgläubiger von Bedeutung ist. Wäre es das Ziel des Kapitalersatzes, der Gefahr zu begegnen, daß das Darlehen aufgrund eines Informationsvorsprungs vorzeitig abgezogen wird, müßte es sich zudem auf Umqualifizierungen bis zur Eröffnung des Insolvenzverfahrens be-

[460] *Elsing*, GmbHR **1978**, 103, 104; *Immenga*, GmbHR **1970**, 258, 259; *Wüst*, JZ **1985**, 817, 821; mit diesem Problem darf nicht die Frage verwechselt werden, ob die Erkennbarkeit der Krise auch bei Gewährung des Darlehens Voraussetzung für die Finanzierungsentscheidung des Gesellschafters sein soll, die ihn in die Finanzierungsverantwortung nimmt; dazu *Habersack*, ZHR **162** (1998), 201, 207; *Veil*, ZGR **2000**, 223, 237 ff.

[461] Ähnlich *Luckan/Schacht*, DB **1970**, 1449, 1454; vgl. auch *Haas*, Geschäftsführerhaftung, 63.

[462] BGH, Urteil vom 24.3.1980, BGHZ **76**, 326, 330; *Goette*, ZHR **162** (1998), 223, 227 Anm. 22; *Immenga*, ZIP **1983**, 1405, 1410; *Lutter/Hommelhoff*, ZGR **1979**, 31, 38 Anm. 21; *Pentz*, GmbHR **1999**, 437, 446; *Rümker*, ZGR **1988**, 494, 504; *Rümker*, FS für Stimpel, 673, 675; K. *Schmidt*, ZHR **147** (1983), 165, 184; *Uhlenbruck*, GmbHR **1982**, 141, 144; K. *Schmidt*, GesR, § 18 III 4 b); vgl. auch *Koller*, FS Heinsius, 357, 372 Anm. 62: Informationsvorsprünge allein sind nicht ausschlaggebend.

schränken, weil die Forderung ab diesem Zeitpunkt ohnehin nur noch zur Insolvenztabelle angemeldet werden kann und mit der Insolvenzquote bedient wird. Erwägungen zur Informationsverteilung zwischen Gesellschaftern und Gläubigern sind deshalb nicht geeignet, die ratio des Eigenkapitalersatzes zu beschreiben[462].

4. Alternative der Kapitalerhöhung

Im Gegensatz zum Außenstehenden steht dem Gesellschafter die Alternative offen, sich anstelle der Darlehensvergabe um eine Kapitalerhöhung zumindest zu bemühen. In der Einmann-Gesellschaft und in den Fällen, in denen der Gesellschafter allein über die qualifizierte Mehrheit des § 53 Abs. 2 GmbHG verfügt, kann er sie sogar erzwingen. Das Eigenkapitalersatzrecht diskriminiert den Einsatz von Fremdkapital ab der Krise der Gesellschaft aber unabhängig davon, ob dem Gesellschafter zuvor eine Kapitalerhöhung möglich gewesen wäre bzw. ob er sich um sie bemüht hat; entscheidend ist die Wahlmöglichkeit zwischen einem finanziellen Beitrag überhaupt und einem Absehen von einer Finanzhilfe (Rz. 58). Wer das Darlehen nur dann umqualifizieren will, wenn sich der Gesellschafter zuvor nicht um eine Erhöhung des Eigenkapitals wenigstens bemüht[463] bzw. eine solche trotz der Möglichkeit dazu nicht durchgesetzt hat[464], schränkt die unstreitig auch in der Krise bestehende Finanzierungsfreiheit des Gesellschafters (Rz. 40) ein, weil er der Kapitalerhöhung dadurch mittelbar einen Vorrang einräumt[465]. 136

5. Unternehmerischer Einfluß

Neben der konkreten Möglichkeit, sich um eine Kapitalerhöhung bemühen oder sie sogar erzwingen zu können, zeichnet sich der Gesellschafter gegenüber einem außenstehenden Kreditgeber dadurch aus, daß er kraft seiner Stellung als Mitglied des Verbandes ganz allgemein die Möglichkeit hat, in der Gesellschaft Einfluß auszuüben. Davon geht auch die Gesetzesbegründung zu § 32a Abs. 3 Satz 2 GmbHG aus, wenn sie von mitunternehmerischer Verantwortung spricht (Rz. 28). Fraglich ist allerdings, wo die konkrete Verbindung zur Umqualifizierung von Gesellschafter- 137

463 So *Immenga*, ZIP **1983**, 1405, 1410.

464 So LG Düsseldorf, Urteil vom 27.5.1981, ZIP **1981**, 601, 603.

465 Vgl. auch *Junker*, ZHR **156** (1992), 394, 401; K. *Schmidt*, ZHR **147** (1983), 165, 185.

darlehen bestehen soll. Die Gesetzesbegründung zu § 32a Abs. 3 Satz 2 GmbHG beruft sich dazu auf BGHZ **90**, 381. In dieser Entscheidung wurde eine solche Verbindung zwischen den Rechtsfolgen des Kapitalersatzes und dem unternehmerischen Einfluß des Gesellschafters aber gerade nicht hergestellt; dort ging es darum, die Anwendung der Regeln über eigenkapitalersetzende Darlehen bei rein zufälligem Zusammentreffen der Rolle des Anteilseigners mit der des Darlehensgebers auszuschließen, also in den Fällen, in denen die Mitgliedschaft als Kapitalanlage frei handelbar ist. Die dort getroffene Unterscheidung zwischen Anlegern und Unternehmern diente lediglich als Maßstab für die Frage, ab wann typischerweise davon ausgegangen werden kann, daß das Zusammentreffen der beiden Rollen nicht mehr als zufällig bezeichnet werden kann (Rz. 41), betraf also nur den Anwendungsbereich des Kapitalersatzes, diente aber nicht dazu, zwischen der Rechtsfolge der Umqualifizierung und dem Einfluß des Gesellschafters eine konkrete rechtliche Verbindung herzustellen. Dementsprechend wurde auch der Kommanditist dem Kapitalersatz unterworfen, obwohl er in Hinblick auf seine unternehmerischen Möglichkeiten mit einem GmbH-Gesellschafter nicht vergleichbar ist (Rz. 42). Dasselbe gilt für die Regeln der GmbH-Novelle von 1980, die anderenfalls beim Kommanditisten (§ 172a HGB) zwischen unternehmerischen und nichtunternehmerischen Kommanditisten unterscheiden müßten, obwohl schon der gesetzestypische Kommanditist keine unternehmerische Stellung einnimmt.

138 Ein Ansatzpunkt besteht in dem Postulat, daß Herrschaft mit Haftung verbunden ist[466]. Dieser zunächst sehr allgemeine Gedanke wird vor allem in der Diskussion um den Durchgriff[467], bei der Treuepflicht[468] und im Konzernrecht[469] in jeweils konkretisierter Form zu Rate gezogen. Beim Gesellschafterdarlehen müßte die These lauten, daß sich der Gesellschafter die Umqualifizierung gefallen lassen muß, weil er aufgrund seiner beherrschenden Stellung für die Gesellschaft in besonderem Maße verantwortlich ist. Herrschaft i. d. S. bedeutet aber Mehrheit und der Eigen-

466 Vgl. *Koller*, FS für Heinsius, 357, 372; *Rümker*, ZGR **1988**, 494, 502; *Stauder*, GmbHR **1968**, 72, 73; *Uhlenbruck*, GmbHR **1982**, 141, 150; *Wiedemann*, FS für Beusch, 893, 912; *Kamm*, Gesellschafterdarlehen, 101 ff.; *Kamprad*, Gesellschafterdarlehen, 67.

467 K. *Schmidt*, GesR, § 9 IV 3.

468 *Baumbach/Hueck*, § 13 Rz. 25; K. *Schmidt*, GesR, § 20 IV 1 b).

469 *Emmerich/Sonnenschein*, § 19 V 1, § 3 II; K. *Schmidt*, GesR, § 17 I 1 c).

kapitalersatz findet in Hinblick auf die Finanzierungsfreiheit des Gesellschafters unabhängig davon Anwendung, ob es sich bei dem kreditgebenden Gesellschafter um einen Mehrheits- oder sogar Alleingesellschafter gehandelt hat (Rz. 136)[470], auch wenn rechtstatsächlich diese Fälle überwiegen[471]. Daran hat auch § 32a Abs. 3 Satz 2 GmbHG mit einer Schwelle von höchstens 10% am Stammkapital nichts geändert, denn von einem beherrschenden Einfluß kann erst ab einem Anteilsbesitz von mehr als 50% gesprochen werden.

Eine Verknüpfung zwischen Einfluß und Umqualifizierung liegt auch nicht in der Möglichkeit des Gesellschafters, die Liquidation der Gesellschaft herbeiführen zu können[472], wie es der BGH beim Stehenlassen des Kredits für den Fall entschieden hat, daß der schuldrechtliche Vertrag nicht gekündigt werden kann[473]. Denn abgesehen davon, daß im Regelfall ein Gesellschafter allein die Gesellschaft nur bei qualifizierter Mehrheit (§ 60 Abs. 1 Nr. 2 GmbHG; s. aber § 61 Abs. 2 Satz 2 GmbHG) liquidieren kann[474] und die Gesellschafter wegen § 64 Abs. 1 GmbHG auch in der Krise nicht zur Liquidation verpflichtet sind, handelt es sich bei der Auflösung der Gesellschaft nur um eine Möglichkeit, die der Gesellschafter zur Geltendmachung der Gläubigerposition wahrnehmen muß, will er dem Vorwurf des Stehenlassens entgehen, obwohl das Darlehen schuldrechtlich nicht kündbar ist[475]. Wie der BGH selber herausgestellt hat, geht es für den Gesellschafter nur um die Alternative zwischen einem finanziellen Beitrag in der Krise und von ihrem Absehen (Rz. 58). 139

Gegen einen Zusammenhang zwischen dem Einflußpotential des Gesellschafters und der Umqualifizierung von Gesellschafterdarlehen sind aber auch grundsätzliche Bedenken zu erheben. Die beiden Anknüpfungspunkte des Kapitalersatzes sind die falsche Qualität der Mittel 140

470 Vgl. *Fleck*, FS für Werner, 107, 123.

471 Die Rechtsprechungsanalysen bei *Rümker* ZIP **1982**, 1385, 1292; *Ullrich*, GmbHR **1983**, 133, 139 ergeben eine Mehrzahl von Fällen, in denen die Darlehensgewährung durch beherrschende Gesellschafter erfolgte; vgl. auch *Hommelhoff*, WM **1984**, 1105, 1115; *Obermüller*, ZIP **1982**, 915, 921.

472 Ebenso Scholz/K. *Schmidt*, §§ 32a, 32b Rz. 32; K. *Schmidt*, ZIP **1999**, 1241, 1245; *Priester*, FS für Helmrich, 721, 731.

473 BGH, Urteil vom 14.12.1992, BGHZ **121**, 31, 36 f.

474 Näher *Habersack*, ZHR **161** (1997), 457, 471 ff.

475 K. *Schmidt*, ZIP **1999**, 1241, 1245.

(Fremdkapital) und die Freiwilligkeit der Hilfe („Finanzierungsfolgenverantwortung")[476]. Sowohl die Entscheidung zur Hilfe selbst als auch ihre Form liegt aber allein in der Entscheidungsmacht des einzelnen Gesellschafters. Neben dem Prinzip von Haftung und Herrschaft läßt sich deshalb nur ein Ansatzpunkt denken, warum in diesem Zusammenhang der Einfluß des Gesellschafters eine Rolle spielen sollte, nämlich die Verantwortlichkeit für die Krise[477]. Aber das führt zu einer Verhaltenshaftung, die am Kernproblem, nämlich dem Abzug des Darlehens in der Krise (Rz. 110), der auch allein in der Kompentenz des einzelnen Gesellschafters liegt, vorbeigeht. Abgesehen davon kann die Krise auf Ursachen beruhen, die mit dem Verhalten der Gesellschafter in keinem Zusammenhang stehen (Rz. 86). Ginge es um eine Verhaltenshaftung, wäre die Umqualifizierung in solchen Fällen nicht gerechtfertigt, aber der geltende Kapitalersatz trifft unter diesem Gesichtspunkt keine Unterscheidung. Deshalb kann es auch nicht auf die Verwendung der vergebenen Mittel ankommen[478].

141 Der unternehmerische Einfluß kann mit der ratio des Kapitalersatzes in keinen Zusammenhang gebracht werden[479]. Daraus folgt gleichzeitig, daß § 32a Abs. 3 Satz 2 GmbHG auch nicht als typisierender Ausdruck des unternehmerischen Einflusses aufgefaßt werden kann (Rz. 120). Damit ist die Vorschrift nicht nur in Hinblick auf die traditionelle Deutung der Finanzierungsverantwortung ein Fremdkörper (Rz. 43), sondern auch nicht in der Lage, als lex posterior das dogmatische Fundament des bereits bestehenden Kapitalersatzrechts neu zu definieren[480].

[476] Diese Klarheit findet sich selten, z. B. *Altmeppen*, ZIP **1996**, 1455; *Goette*, ZHR **162** (1998), 223, 224.

[477] Vgl. *Erlinghagen*, GmbHR **1962**, 169, 175; *Kamprad*, Gesellschafterdarlehen, 67.

[478] Vgl. *Luckan/Schacht*, DB **1970**, 1449, 1454; *Sonnenberger*, NJW **1969**, 2033, 2036; Harm Peter *Westermann*, ZIP **1982**, 379, 387.

[479] *Altmeppen*, ZIP **1996**, 1455; *Altmeppen*, ZIP **1993**, 1677, 1683; *Dauner-Lieb*, DStR **1998**, 609, 613; *Habersack*, ZHR **162** (1998), 201, 209; *Pentz*, BB **1997**, 1265, 1268; *Ullrich*, GmbHR **1983**, 133, 144; *Veil*, ZGR **2000**, 223, 233.

[480] I. E. ebenso *Pentz*, GmbHR **1999**, 437, 439; *Veil*, ZGR **2000**, 223, 235; **a. A.** freilich *Seibert*, DStR **1997**, 35, 36.

6. Ergebnis

Bei der Vergabe eines Darlehens an eine GmbH in der Krise besteht der spezifische Unterschied zwischen dem Gesellschafter und einem Drittgläubiger darin, daß der Gesellschafter im Zeitpunkt der Kreditvergabe das Ziel verfolgt, mit den finanziellen Mitteln aus der eigenen Hand seine ursprünglich geleistete Einlage und die damit verbundene Möglichkeit der Gewinnerzielung zu retten. Zwar setzen diese Absichten das Überleben der Gesellschaft als notwendige Bedingung zwingend voraus. Daß der Gesellschafter in erster Linie aber nur seine eigenen Interessen und nicht die der Gesellschaft verfolgt, gibt er dadurch zu erkennen, daß er nur Fremdkapital und kein echtes Haftkapital gibt, das der Gesellschaft ohnehin endgültig verbleiben würde. 142

III. Das Kleinbeteiligtenprivileg des § 32a Abs. 3 Satz 2 GmbHG

Der Interessenkonflikt, vor dessen Lösung der Eigenkapitalersatz gestellt wird, wurde dahingehend beschrieben, daß sich bei der Frage nach dem Abzug des Darlehens auf der einen Seite das Bestandsinteresse der Gesellschaft und auf der anderen Seite der Rückforderungsanspruch des Gesellschafters gegenüberstehen (Rz. 111). Die Analyse von Besonderheiten zwischen Gesellschaftern und gewöhnlichen Drittgläubigern hat einen weiteren Konflikt ergeben. Er betrifft allein die Person des Gesellschafters und besteht schon im Zeitpunkt der Hilfevergabe: Einerseits will der Gesellschafter die Gesellschaft fortführen und die Werthaltigkeit seiner Beteiligung samt Gewinnbeteiligung wiederherstellen, andererseits scheut er den vollen Risikoeinsatz mit Eigenkapital und will durch die Gabe von Fremdkapital den Kopf elegant aus der Schlinge ziehen, indem er die Fortführung ermöglicht, dafür aber nur das gewöhnliche Kreditrisiko eingeht. Entscheidet sich der Gesellschafter in diesem Konflikt zugunsten der Fremdfinanzierung, kommt es zur späteren Interessenkollision zwischen dem Bestandsinteresse der Gesellschaft und dem Rückforderungsanspruch des Gesellschafters. In rechtlicher Hinsicht besteht Finanzierungsfreiheit; nur aus ökonomischer Sicht, d. h. aus Sicht des Verhältnisses zwischen dem denkbaren Ergebnis und des dafür einzugehenden Risikos stellt sich für den Gesellschafter die Frage, ob Eigenkapital oder 143

Fremdkapital eingesetzt werden soll. Die Testfrage lautet, ob es die Beteiligung wert genug erscheint, dem ursprünglich gegebenen und nun „schlechten" Geld gutes neues Eigenkapital nachzuschießen: Je höher seine Beteiligung, desto eher müßte der Gesellschafter dazu bereit sein, die Gesellschaft mit echtem Eigenkapital zu versorgen; je kleiner die Beteiligung, desto weniger kann man dem Gesellschafter, der nur ein Darlehen gibt, die Scheu vor den Risiken vorwerfen, die mit Eigenkapital verbunden sind; darin liegt der entscheidende Unterschied zwischen dem kleinbeteiligten und dem „gewöhnlich" beteiligten Gesellschafter (Rz. 121 a. E.). Vor diesem Hintergrund läßt sich § 32a Abs. 3 Satz 2 GmbHG in der Weise interpretieren, daß einem nur geringfügig beteiligten Gesellschafter mit einer Einlage von höchstens 10% des Stammkapitals nicht vorgeworfen wird, er habe im Zeitpunkt der Hilfevergabe ökonomisch unvernünftig gehandelt[481], weil es die Beteiligung ihrer Höhe nach nicht wert war, neues Haftkapital nachzuschießen. In Hinblick auf seine Verpflichtung auf das Gesellschaftsinteresse wird ihm deshalb später, d. h. wenn der Kredit in der Krise wieder abgezogen werden soll, auch nicht zugemutet, seine Gläubigerstellung hinter die Interessen der Gesellschaft zu stellen.

144 Die Frage ist allerdings, ob die Einlage oder der Gewinnanteil entscheidend sein muß, denn beide Kriterien sind nicht zwingend gleich groß (§ 29 Abs. 4 GmbHG). Fest steht, daß sowohl die Einlage als auch der Gewinnanspruch in der Krise nicht mehr vollwertig sind. Die Gesundung der Gesellschaft wirkt sich hinsichtlich der Einlage allerdings nur dahingehend aus, daß sie wieder „aufgefüllt" wird, d. h. ihren buchmäßigen Wert zurückerhält; das hat für den Gesellschafter keinen unmittelbaren Vorteil. Den eigentlichen Nutzen zieht er daraus, daß er in der Zukunft wieder Ausschüttungen für den privaten Verbrauch erwarten kann. Entscheidender Gesichtspunkt ist damit die Höhe der Gewinnbeteiligung. Für die Anwendung des § 32a Abs. 3 Satz 2 GmbHG folgt daraus gleichzeitig eine teleologische Reduktion in der Weise[482], daß es nicht auf die satzungsmäßige Beteiligung, sondern auf den konkret in der Satzung fest-

481 Vgl. *v. Gerkan*, RWS-Forum 10, 181, 184; *v. Gerkan*, GmbHR **1997**, 677, 678; *Hommelhoff*, WM **1984**, 1105, 1116; Harm Peter *Westermann*, DZWIR **2000**, 1, 3: Recht auf unternehmerisches Desinteresse.

482 Vgl. *Haas*, DZWIR **1999**, 177, 179; *Pentz*, GmbHR **1999**, 437, 446 f.

gelegten Gewinnanspruch ankommt, denn die Verteilung des Gewinns nach Geschäftsanteilen ist nicht zwingend (§ 29 Abs. 4 Satz 2 GmbHG).

Man muß sich allerdings darüber im Klaren sein, daß die konkrete Grenze von 10% des Stammkapitals auch in dieser Interpretation ihrer konkreten Höhe nach nicht erklärbar ist, sondern willkürlich bleibt (Rz. 33) und keineswegs zwingend ist. Vor allem erlaubt es der eindeutige Wortlaut des § 32a Abs. 3 Satz 2 GmbHG nicht, das Verhältnis zwischen der Beteiligungshöhe und der Höhe des Kredits zu berücksichtigen[483], das einen wertvollen Hinweis darauf liefern würde, was dem Gesellschafter die Beteiligung in Wirklichkeit wert ist. Dadurch, daß § 32a Abs. 3 Satz 2 GmbHG allein die Höhe der Beteiligung für maßgeblich erklärt, kommt es nur auf das Verhältnis zu den Mitgesellschaftern an; unberücksichtigt bleibt, daß es „den" GmbH-Gesellschafter nicht gibt[484] und im Einzelfall affektive Interessen den Gesellschafter dazu veranlassen können, trotz der geringen Beteiligung Kredite in Größenordnungen zu geben, die nach ökonomisch vernünftigen Maßstäben unvertretbar wären. An welchem Kriterium man § 32a Abs. 3 Satz 2 GmbHG auch immer ausrichtet, stets wird es nicht möglich sein, ideelle Faktoren zu berücksichtigen. Die typisierende Auslegung des § 32a Abs. 3 Satz 2 GmbHG unter Ausblendung solcher Details dient letztlich der Rechtssicherheit[485] und damit dem einzigen Gesichtspunkt des Gesetzgeberwillens, der nachvollziehbar ist (Rz. 43). 145

483 Vgl. *Altmeppen*, ZIP **1993**, 1677, 1683; *Pentz*, BB **1997**, 1265, 1269; K. *Schmidt*, GmbHR **1999**, 1269, 1270.

484 *Menzel*, AG **1982**, 197, 202.

485 Vgl. *Rümker*, ZGR **1988**, 494, 505.

§ 8 Das Kleinbeteiligtenprivileg des § 32a Abs. 3 Satz 2 GmbHG in der GmbH & Co. i. S. d. §§ 172a, 129a HGB

I. Analoge Anwendung des § 32a Abs. 3 Satz 2 GmbHG

Bisher wurde die ratio des § 32a Abs. 3 Satz 2 GmbHG lediglich in ihrem direkten Anwendungsbereich in der GmbH untersucht. Es wurde festgestellt, daß es auf die Gewinnverteilung und nicht die bloße Beteiligung am Stammkapital ankommt. Diese Auslegung kann unproblematisch auf die GmbH & Co. übertragen werden. Ein zusätzlicher Gesichtspunkt, der bei der Analogie bedenkenswert erscheint, ist eine teleologische Reduktion des § 32a Abs. 3 Satz 2 GmbHG mit Hilfe des vom BGH für die AG in BGHZ **90**, 381 entwickelten Gedankens, anlagemotivierte Gesellschafter von Publikumsgesellschaften, deren Anteile frei gehandelt werden (Rz. 41), vom Kapitalersatz freizustellen[486]. Das Kleinbeteiligtenprivileg wäre dann nur auf die Gesellschaften in der Rechtsform der GmbH & Co. anwendbar, die als Publikumsgesellschaft geführt werden. Da das Kleinbeteiligtenprivileg aber in seinem direkten Anwendungsbereich auf die GmbH, die typischerweise personalistisch strukturiert ist, gerade ohne Rücksicht auf diesen Umstand Anwendung findet, kann mit diesem Argument der Anwendungsbereich des § 32a Abs. 3 Satz 2 GmbHG im Bereich der §§ 129a, 172a HGB nicht unter dem Vorwand der entsprechenden Anwendung reduziert werden. 146

486 Vgl. auch v. *Gerkan*, GmbHR **1986**, 218, 221.

II. Die GmbH & Co. KG - § 172a HGB

1. Der GmbH-Gesellschafter der Komplementär-GmbH

a) Die Komplementär-GmbH mit Kapitalanteil

147 In der GmbH & Co. KG partizipiert der GmbH-Gesellschafter nur am Ertrag der GmbH, an der er direkt beteiligt ist. Für die Anwendung des § 32a Abs. 3 Satz 2 GmbHG kommt es damit auf das Verhältnis des Gewinnanteils, den der GmbH-Gesellschafter an der GmbH hält, zu den Gewinnanteilen aller übrigen Gesellschafter der KG an, also zu den Mitgesellschaftern der GmbH und den Kommanditisten. Das Verhältnis zwischen der Komplementär-GmbH und der KG spielt keine Rolle. Umsätze, die die GmbH aus eigener Tätigkeit, d. h. nicht in ihrer Eigenschaft als Komplementärin erwirtschaftet und an ihre Gesellschafter ausschüttet, bleiben stets außer Betracht, weil sie nicht aus der Tätigkeit der KG stammen.

b) Die Komplementär-GmbH ohne Kapitalanteil

148 Der Gesellschafter ohne Kapitalanteil bringt als Beitrag lediglich die Haftung mit seinem Vermögen sein. Nach der gesetzlichen Regelung (§§ 168 Abs. 1, 121 HGB) wird mangels Kapitalanteil auch kein Kapitalkonto geführt; sämtliche Gewinne fließen an die Kommanditisten. Der GmbH-Gesellschafter einer solchen Komplementärin hat zwar wegen seines Geschäftsanteils theoretisch einen Gewinnanteil. Er wird aber nicht gespeist, weil der Komplementärin mangels Kapitalanteil zumindest von seiten der Personengesellschaft keine Gewinne gutgeschrieben werden. In diesem Fall sind die Regeln über eigenkapitalersetzende Gesellschafterdarlehen nicht anwendbar. Anders ist es nur, wenn im KG-Vertrag trotz fehlenden Kapitalanteils Gewinne für die Komplementärin vorgesehen sind[487], die im Verhältnis zu den anderen gewinnbeteiligten Gesellschaftern die Grenze von 10% überschreiten.

[487] *Baumbach/Hopt*, § 120 Rz. 23; vgl. auch *Koller/Roth/Morck*, § 120 Rz. 6 a. E.

2. Kommanditisten

a) Nur-Kommanditisten

Der Kommanditist ist an der GmbH & Co. KG direkt beteiligt. Sein Gewinnanteil beträgt zunächst bis zu (§§ 168 Abs. 1, 121 Abs. 1 Satz 2 HGB) 4% seines zuletzt festgestellten Kapitalanteils (§§ 168 Abs. 1, 121 Abs. 1 Satz 1 HGB). Der Mehrgewinn wird in Abweichung von § 121 Abs. 3 HGB nicht nach Köpfen, sondern in einem den Umständen nach angemessenen Verhältnis der Anteile zueinander verteilt (§ 168 Abs. 2 HGB). Als angemessenes Verhältnis gelten die Kapitalanteile, nachdem an die persönlich haftenden Gesellschafter und an vergütungslos tätige Geschäftsführer ein Gewinnvoraus ausbezahlt wurde[488]. Für die Anwendung des Kleinbeteiligtenprivilegs ist die konkrete Gewinnbeteiligung zu sämtlichen anderen Gesellschaftern der KG entscheidend. Ob der Kapitalanteil negativ ist und der Gewinn deshalb nur gutgeschrieben wird (§ 167 Abs. 2 HGB), ist unerheblich. Auch der Ausgleich eines negativen Kontos bedeutet Zuwachs. 149

b) Der personengleiche Kommanditist und GmbH-Gesellschafter

In der GmbH & Co. KG kommt es häufig vor, daß der Kommanditist zugleich einen Geschäftsanteil an der GmbH hält. Hier stellt sich das Problem, ob es nur auf die Stellung des Gesellschafters als Kommanditist oder als GmbH-Gesellschafter oder auf eine Gesamtbetrachtung ankommt. Es muß differenziert werden, ob die GmbH einen Kapitalanteil hat oder nicht. 150

aa) Die Komplementär-GmbH mit Kapitalanteil

Hält die Komplementär-GmbH an der KG einen Kapitalanteil, erhält der Kommanditist und GmbH-Gesellschafter aus beiden Beteiligungen einen Gewinn. Die beiden Werte müssen addiert werden, da es darauf ankommt, wieviel er von der KG insgesamt erhält. 151

488 *Baumbach/Hopt*, § 168 Rz. 2; vgl. auch *Koller/Roth/Morck*, § 168 Rz. 2.

bb) Die Komplementär-GmbH ohne Kapitalanteil

152 Bei einer Komplementär-GmbH ohne Kapitalanteil steht der Kommanditist hinsichtlich seiner Gewinnansprüche wie der Nur-Kommanditist da. Anders liegt es nur, wenn der Gesellschaftsvertrag der KG in Abweichung vom Gesetz für die Komplementärin trotz fehlenden Kapitalanteils Gewinnausschüttungen vorsieht. Dann ist er so zu behandeln, als hätte die Komplementärin einen Kapitalanteil, d. h. die Werte müssen addiert werden.

III. Die GmbH & Co. oHG - § 129a HGB

1. GmbH-Gesellschafter

153 Beim Gesellschafter einer Gesellschafter-GmbH, die über einen Kapitalanteil verfügt, kommt es auch hier darauf an, ob ihm im Verhältnis zu sämtlichen anderen GmbH-Gesellschaftern mehr oder weniger als 10% des zu verteilenden Gewinns der oHG zusteht. Dabei bleiben die GmbH-Gesellschafter außer Betracht, die an einer GmbH ohne Kapitalanteil beteiligt sind, es sei denn, der Gesellschaftsvertrag der oHG sieht eine Gewinnbeteiligung auch ohne Kapitalanteil vor.

2. Mehrfachbeteiligungen

154 Es ist möglich, daß ein GmbH-Gesellschafter die Geschäftsanteile verschiedener Gesellschafter-GmbHs gleichzeitig in seinem Besitz hat. Hier ist wieder danach zu differenzieren, ob die GmbH einen Kapitalanteil hält oder nicht.

a) Homogene Mehrfachbeteiligungen

155 Bestehen alle Geschäftsanteile an solchen GmbHs, die einen Kapitalanteil halten, sind die Werte zu addieren, da es darauf ankommt, in welchem Umfang der GmbH-Gesellschafter am Gewinn der oHG insgesamt teilnimmt. Werden alle Geschäftsanteile nicht von der oHG bedient, weil sie ausnahmslos an GmbHs ohne Kapitalanteil bestehen, scheidet eine Anwendung des Kapitalersatzes aus.

b) Heterogene Mehrfachbeteiligungen

Hält der GmbH-Gesellschafter Geschäftsanteile sowohl an Gesellschafter-GmbHs mit als auch ohne Kapitalanteil, kommt es nur auf die Summe der Gewinnanteile an, die aufgrund der Kapitalanteile an der oHG bedient werden; dabei sind aber auch hier wieder solche Gewinne zu berücksichtigen, die aufgrund des Gesellschaftsvertrags der oHG trotz fehlenden Kapitalanteils ausbezahlt werden. 156

IV. Komplementär- und Gesellschafter-GmbHs

Wer die §§ 129a, 172a HGB auch auf Darlehen der Komplementäre der KG bzw. der Gesellschafter-GmbHs der oHG anwenden will (Rz. 7), muß wieder zwischen Gesellschaftern mit und ohne Kapitalanteil unterscheiden. 157

1. Die GmbH & Co. KG

In der Regel hat die GmbH & Co. KG nur eine Komplementär-GmbH. Hält sie einen Kapitalanteil, kommt es auf den Umfang ihres Gewinnanteils im Verhältnis zu den Kommanditisten an. Bei fehlendem Kapitalanteil kommt eine Anwendung des Eigenkapitalersatzes nicht in Betracht, es sei denn, der Gesellschaftsvertrag der KG sieht trotz fehlenden Kapitalanteils eine Gewinnbeteiligung der GmbH vor. Gibt es ausnahmsweise mehrere Komplementäre, sind nur diejenigen zu berücksichtigen, die am Gewinn der KG entweder über einen Kapitalanteil oder über den Gesellschaftsvertrag der KG beteiligt sind. 158

2. Die GmbH & Co. oHG

Hier gilt im Prinzip dasselbe wie bei den GmbH-Gesellschaftern selbst (Rz. 153). In die Betrachtung dürfen nur die oHG-Gesellschafter einbezogen werden, die am Gewinn der oHG tatsächlich beteiligt sind, sei es über den Kapitalanteil, sei es durch die konkrete Ausgestaltung des oHG-Vertrages. 159

V. Die Einheits-GmbH & Co. KG

160 Hier fließen alle Gewinne letztlich an den Kommanditisten (Rz. 21). Eine Anwendung des Kleinbeteiligtenprivilegs ist deshalb ausgeschlossen.

§ 9 Zusammenfassung

Das Ergebnis der Untersuchung läßt sich in zwei Thesen zusammenfassen: 161

1. Ratio des Eigenkapitalersatzrechts ist der Schutz des Gesellschaftsvermögens in der Krise vor Rückzahlungsansprüchen aus Gesellschafterhilfen. Das folgt aus der spezifischen Wirkungsweise des Kapitalersatzes, die auf das Verhältnis zwischen Gesellschaft und Gesellschafter beschränkt ist; außenstehende Gläubiger werden nur reflexiv geschützt. Dadurch können Ausnahmen zugelassen werden, die ebenfalls im Verhältnis zwischen Gesellschaft und Gesellschafter begründet sind, ohne mit dem mittelbaren Fernziel des Gläubigerschutzes zu kollidieren. 162

2. § 32a Abs. 3 Satz 2 GmbHG ist sowohl in seinem direkten als auch analogen Anwendungsbereich der §§ 129a, 172a HGB i. S. v. Gewinnbeteiligung zu deuten. Diese Auslegung ist einfach und bietet Rechtssicherheit. Sie stellt darauf ab, was der Gesellschafter im Fall des Überlebens der Gesellschaft gewinnen kann und ist deshalb als Maßstab für die Frage geeignet, ob dem Gesellschafter im Gegenzug zugemutet werden kann, auf den Rückzahlungsanspruch verzichten zu müssen. 163

Abkürzungen

Alle Abkürzungen richten sich nach *Kirchner*, Hildebert, Abürzungsverzeichnis der Rechtssprache, 3. Auflage, Berlin 1993.

Literaturverzeichnis

Altmeppen, Holger, Die Auswirkungen des KonTraG auf die GmbH, ZGR **1999**, 291

Altmeppen, Holger, Verschlimmbesserungen im Kapitalersatzrecht, ZIP **1996**, 1455

Altmeppen, Holger, Der „atypische Pfandgläubiger" - ein neuer Fall des kapitalersetzenden Darlehens?, ZIP **1993**, 1677

Arbeitskreis GmbH-Reform, Thesen und Vorschläge zur GmbH-Reform, Band 2, Heidelberg 1972

Bäcker, Roland, Die Vermietung von Betriebsmitteln an die GmbH durch einen Gesellschafter als kapitalersetzende Rechtshandlung gem. § 32a Abs. 3 GmbHG, ZIP **1989**, 681

Bartl, Harald, *Fichtelmann*, Helmar, *Henkes*, Ulrich, *Schlarb*, Eberhard, *Schulze*, Hans-Jürgen, Heidelberger Kommentar zum GmbH-Recht, 4. Auflage, Heidelberg 1998

Ballerstedt, Kurt, Gesellschaftsrechtliche Probleme der Reform des GmbH-Rechts, ZHR **135** (1972), 383

Ballerstedt, Kurt, 75 Jahre GmbH-Gesetz, GmbHR **1967**, 66

Baumbach, Adolf, *Hueck*, Alfred, GmbH-Gesetz, 16. Auflage, München 1996

Baumbach, Adolf, *Hopt*, Klaus, Handelsgesetzbuch, 30. Auflage, München 2000

Beinert, Hennerkes, Binz, Kapitalersetzende Darlehen und GmbH-Novelle, GmbHR **1981**, 10

Beintmann, Ulrike, Eigenkapitalersetzende Gesellschafterdarlehen in der Überschuldungsbilanz, BB **1999**, 1543

Boujong, Karlheinz, Zur Auslegung und Fortbildung des GmbH-Rechts in der neueren Judikatur des Bundesgerichtshofs, GmbHR **1992**, 207

Büschgen, Hans, Zur Eigenkapitalausstattung der GmbH und GmbH & Co. KG (I), GmbHR **1974**, 25

Büschgen, Hans, Zur Eigenkapitalausstattung der GmbH und GmbH & Co. KG (II), GmbHR **1974**, 49

V. Caemmerer, Ernst, Unterkapitalisierung und Gesellschafterdarlehen, Festschrift für Pieter Sanders, Kluwer 1972, 17

Canaris, Claus-Wilhelm, Die Vertrauenshaftung im deutschen Privatrecht, München 1971

Claussen, Carsten, Die GmbH braucht eine Deregulierung des Kapitalersatzrechts, GmbHR **1996**, 316

Claussen, Carsten, Zeitwende im Kapitalersatzrecht?, GmbHR **1994**, 9

Claussen, Carsten, Betriebswirtschaft und Kapitalersatzrecht, Festschrift für Forster, Düsseldorf 1992, 140

Claussen, Carsten, Kapitalersatzrecht und Aktiengesellschaft, AG **1985**, 173

Claussen, Carsten, Kapitalersetzende Darlehen und Sanierungen durch Kreditinstitute, ZHR **147** (1983), 195

Dauner-Lieb, Barbara, Die Freistellung geringfügig beteiligter Gesellschafter von der Kapitalersatzhaftung, DStR **1998**, 609

Dauner-Lieb, Barbara, Das Sanierungsprivileg des § 32a Abs. 3 Satz 3 GmbHG, DStR **1998**, 1517

Dempewolf, Günter, Kapitalersetzende Gesellschafterdarlehen bei Personengesellschaften im Konkurse der Gesellschaft (Teil I), DB **1961**, 969

Dempewolf, Günter, Kapitalersetzende Gesellschafterdarlehen bei Personengesellschaften im Konkurse der Gesellschaft (Teil II), DB **1961**, 1011

Deutler, Karl-F., Änderungen des GmbH-Gesetzes und anderer handelsrechtlicher Vorschriften durch die GmbH-Novelle 1980, GmbHR **1980**, 145

Dörrie, Robin, Das Sanierungsprivileg des § 32a Abs. 3 Satz 3 GmbHG, ZIP **1999**, 12

Dornberger, Gerhard, *Dornberger*, Ute, Zum Zweiten Vermögensrechtsänderungsgesetz, DB **1992**, 1613

Drukarczyk, Jochen, Gesellschafterdarlehen, Rechtsprechungsgrundsätze des BGH und § 32a GmbHG - Einige kritische Anmerkungen, Festschrift zum 60. Geburtstag von Dieter Schneider, Wiesbaden 1995, 173

Ehricke, Ulrich, Zur Begründbarkeit der Durchgriffshaftung in der GmbH, insbesondere aus methodischer Sicht, AcP **199** (1999), 257

Elsing, Siegfried, Kommanditistenhaftung und Gläubigergefährdung bei der unterkapitalisierten Kommanditgesellschaft, GmbHR **1978**, 103

Emmerich, Volker, *Sonnenschein*, Jürgen, Konzernrecht, 6. Auflage, München 1997

Erlinghagen, Peter, Gesellschafter-Darlehen im Regierungsentwurf eines neuen GmbH-Gesetzes, Festschrift für Heinz Kaufmann, Köln 1972, 139

Erlinghagen, Peter, Haftungsfragen bei einer unterkapitalisierten GmbH, GmbHR **1962**, 169

Erman, Bürgerliches Gesetzbuch, Band I, 10. Auflage, Köln 2000

Erman, Walter, Zur Frage der Haftung der Hintermänner überschuldeter Gesellschaften, KTS **1959**, 129

Esch, Günter, Das Dogma der Einheitlichkeit der Personengesellschaftsbeteiligung, BB **1996**, 1621

Esch, Günter, Einheitlichkeit der Personengesellschaftsbeteiligung, BB **1993**, 664

Fabricius, Fritz, Das Stammkapital der GmbH - Zur Frage seiner Rechtfertigung und der Rechtfertigung seiner Höhe, GmbHR **1970**, 137

Farrenkopf, Stefan, *Cahn*, Andreas, Die Rechtsprechung des BGH zu den sogenannten kapitalersetzenden Gesellschafterdarlehen bei der GmbH und §§ 30 f. GmbH - Gesetz, AG **1983**, 151

Fastrich, Lorenz, Ketzerisches zur sogenannten Finanzierungsverantwortung, Festschrift für Wolfgang Zöllner, Band I, Köln 1998, 143

Fastrich, Lorenz, Ausfallsicherheiten als eigenkapitalersetzende Leistungen, NJW **1983**, 260

Fellmeth, Peter, Gesellschaftsanteile an einer Personengesellschaft im Bilanzsteuerrecht, BB **1992**, 885

Feuerborn, Sabine, Bundesgerichtshof verfestigt seine Rechtsprechung zu kapitalersetzenden Gesellschafterdarlehen, Die Sparkasse **1982**, 19

Fischer, Robert, *Lutter*, Marcus, *Hommelhoff*, Peter, GmbH-Gesetz, 12. Auflage, Köln 1987

Fleck, Hans-Joachim, Das kapitalersetzende Gesellschafterdarlehen in der GmbH-Bilanz - Verbindlichkeit oder Eigenkapital?, GmbHR **1989**, 313

Fleck, Hans-Joachim, Das kapitalersetzende Bankdarlehen in der GmbH, Festschrift für Winfried Werner, Berlin 1984, 107

Fleischer, Holger, Covenants und Kapitalersatz, ZIP **1998**, 313

Fleischer, Holger, Eigenkapitalersetzende Gesellschafterdarlehen und Überschuldungsstatus, ZIP **1996**, 773

Gebhard, Joachim, Kapitalersetzende Gesellschafterdarlehen: Stehenlassen als Gewähren i. S. des § 32a GmbHG?, DB **1984**, 1385

Gerkan, Hartwin von, *Hommelhoff*, Peter, Handbuch des Kapitalersatzrechts, Köln 2000

Gerkan, Hartwin von, Aktuelle Schwerpunkte im Kapitalersatzrecht, in: Gesellschaftsrecht 1997, RWS-Forum 10, Köln 1998, 181

Gerkan, Hartwin von, Der Entwurf des „Kapitalaufnahmeerleichterungsgesetzes“ und das Recht des Eigenkapitalersatzes, GmbHR **1997**, 677

Gerkan, Hartwin von, Das Recht des Eigenkapitalersatzes in der Diskussion, ZGR **1997**, 173

Gerkan, Hartwin von, Zum Stand der Rechtsentwicklung bei den kapitalersetzenden Gesellschafterleistungen, GmbHR **1990**, 384

Gerkan, Hartwin von, Schwerpunkte und Entwicklung im Recht der kapitalersetzenden Gesellschafterleistungen, GmbHR **1986**, 218

Gersch, Hartmut, *Herget*, Rudolf, *Marsch*, Reinhard, *Stützle*, Rudolf, GmbH-Reform 1980, Stuttgart 1980

Gesellschaftsrecht 1995, RWS-Forum 8, Köln 1996

Geßler, Ernst, Zur Problematik bei kapitalersetzenden Gesellschafterdarlehen, ZIP **1981**, 228

Geßler, Ernst, Die GmbH - Novelle, BB **1980**, 1385

Geßler, Ernst, Grundfragen der GmbH-Reform, BB **1971**, 665

Geßler, Ernst, Die Reform des GmbH-Rechts, BB **1969**, 589

Geßler, Ernst, Probleme der GmbH-Rechtsreform, GmbHR **1966**, 102

Goette, Wulf, Die neuere Rechtsprechung des Bundesgerichtshofs zum Gesellschaftsrecht, in: Gesellschaftsrecht 1999, RWS-Forum 15, Köln 2000, 1

Goette, Wulf, Einige Aspekte des Eigenkapitalersatzrechts aus richterlicher Sicht, ZHR **162** (1998), 223

Goette, Wulf, Die höchstrichterliche Rechtsprechung zur Behandlung eigenkapitalersetzender Leistungen im GmbH-Recht, DStR **1997**, 2027

Götz, Alexander, *Hegerl*, Hans-Jörg, Die Sanierungsfeindlichkeit des Eigenkapitalersatzrechts und die Sanierungsobjektgesellschaft als Ausweg, DB **1997**, 2365

Grunewald, Barbara, Die Finanzierungsverantwortung des Kommanditisten, Festschrift für Bernhard Großfeld, Heidelberg 1999, 319

Grunewald, Barbara, Plädoyer für eine Abschaffung der Rechtsregeln für eigenkapitalersetzende Gesellschafterdarlehen, GmbHR **1997**, 7

Haas, Ulrich, Geschäftsführerhaftung und Gläubigerschutz, München 1997

Haas, Ulrich, Fragen zum Adressatenkreis des Kapitalersatzrechts, DZWIR, **1999**, 177

Habersack, Mathias, Eigenkapitalersatz im Gesellschaftsrecht, ZHR **162** (1998), 201

Habersack, Mathias, Der Finanzplankredit und das Recht der eigenkapitalersetzenden Gesellschafterhilfen, ZHR **161** (1997), 457

Hachenburg, Gesetz betreffend die Gesellschaften mit beschränkter Haftung (GmbHG), Großkommentar, Erster Band, Allgemeine Einleitung; §§ 1-34, 8. Auflage, Berlin 1992

Handelsgesetzbuch, Großkommentar, begründet von Hermann Staub, 3. Auflage, Zweiter Band, 1. Halbband, §§ 105-144, Berlin 1973

Hansen, Herbert, Die unbefriedigende Kapitalstruktur deutscher Unternehmen, GmbHR **1996**, 327

Hartmann, Christian, Der Schutz der GmbH vor ihren Gesellschaftern, GmbHR **1999**, 1061

Heckschen, Heribert, Gestaltungsüberlegungen zur Beteiligungsgrenze beim Eigenkapitalersatz, in: Gesellschaftsrecht 1999, RWS-Forum 15, Köln 2000, 129

Herber, Rolf, Zum Entwurf einer GmbH-Novelle, GmbHR **1978**, 25

Heymann, Handelsgesetzbuch, Band 2, Zweites Buch §§ 105-237, Berlin 1989

Hirte, Heribert, Das Kapitalersatzrecht nach Inkrafttreten der Reformgesetzgebung, ZInsO **1998**, 147

Hirte, Heribert, Aktuelle Schwerpunkte im Kapitalersatzrecht, in: Gesellschaftsrecht 1997, RWS-Forum 10, Köln 1998, 145

Hofmann, Paul, Zum Referentenentwurf eines GmbHG, AG **1969**, 337

Hofmann, Paul, Zum „Durchgriffs"-Problem bei der unterkapitalisierten GmbH, NJW **1966**, 1941

Hommelhoff, Peter, Das Gesellschafterdarlehen als Beispiel institutioneller Rechtsfortbildung, ZGR **1988**, 460

Hommelhoff, Peter, Eigenkapital-Ersatz im Konzern und in Beteiligungsverhältnissen, WM **1984**, 1105

Hommelhoff, Peter, *Kleindiek*, Detlef, Flexible Finanzierungsinstrumente im GmbH-Recht, Festschrift 100 Jahre GmbH-Gesetz, Köln 1992, 421

Horn, Norbert, Kreditfähigkeit und Kapitalausstattung umgewandelter Unternehmen im neuen Bundesgebiet, Festschrift für Heinsius, Köln 1991, 323

Hueck, Alfred, Das Recht der offenen Handelsgesellschaft, 4. Auflage, Berlin 1971

Hüffer, Uwe, Kapitalersatz durch Gesellschafterdarlehen einer Landesbank und durch Landesbürgschaft im Konkurs der illiquiden GmbH, ZHR **153** (1989), 322

Immenga, Ulrich, Kapitalersetzende Aktionärsdarlehen als Haftkapital?, ZIP **1983**, 1405

Immenga, Ulrich, Der neue Referentenentwurf zum GmbH-Gesetz, BB **1977**, 957

Immenga, Ulrich, Konkursanfechtung und Gesellschafterdarlehen, GmbHR **1970**, 258

Immenga, Ulrich, Die personalistische Kapitalgesellschaft, Bad Homburg 1970

Jauernig, Othmar, Bürgerliches Gesetzbuch, 9. Auflage, München 1999

Joost, Detlev, Grundlagen und Rechtsfolgen der Kapitalerhaltungsregeln in der GmbH, ZHR **148** (1984), 27

Junker, Abbo, Das eigenkapitalersetzende Aktionärsdarlehen, ZHR **156** (1992), 394

Kalter, Einige Gedanken zur unterkapitalisierten GmbH, KTS **1970**, 267

Kamm, Christoph, Gesellschafterdarlehen an Kapitalgesellschaften nach deutschem Recht unter Berücksichtigung des schweizerischen und österreichischen Rechts, Düsseldorf 1970

Kamprad, Balduin, Gesellschafterdarlehen an die GmbH als verdeckte Stammeinlagen, Köln 1968

Kamprad, Balduin, Die Rechtsentwicklung kapitalersetzender Gesellschafterdarlehen seit dem Inkrafttreten der GmbH-Novelle am 1.1.1981, GmbHR **1984**, 339

Kamprad, Balduin, Die Behandlung von Gesellschafterdarlehen in dem Referenten-Entwurf eines GmbH-Gesetzes, GmbHR **1969**, 168

Karollus, Martin, Probleme der Finanzierung im Konzern: Kapitalersatz und Treuepflicht, Festschrift für Claussen, Köln 1997, 199

Karollus, Martin, Zur geplanten Reform des Kapitalersatzrechts, ZIP **1996**, 1893

Klausing, Friedrich, „Beteiligungsdarlehen" bei der GmbH, ZAkDR **1939**, 79

Kölner Kommentar zum Aktiengesetz, Band 1 §§ 1-75 AktG, 2. Auflage, Köln 1988

Koller, Ingo, *Roth*, Wolf-Henning, *Morck*, Winfried, Handelsgesetzbuch, 2. Auflage, München 1999

Koller, Ingo, Sicherung des Eigenkapitals bei der gesetzestypischen Kommanditgesellschaft, Festschrift für Theodor Heinsius, Köln 1991, 357

Kollhosser, Helmut, Kredite als Eigenkapitalersatz bei stillen Kapitalbeteiligungen?, WM **1985**, 929

Koppensteiner, Hans-Jürgen, Kritik des „Eigenkapitalersatzrechts, AG **1998**, 308

Kreuzer, Karl, Die allgemeinen Gläubigerschutzbestimmungen der GmbH-Novelle, ZIP **1980**, 597

Kreuzer, Karl, Probleme des Gläubigerschutzes in der GmbH-Reform, DB **1978**, 825

Kübler, Friedrich, Die Autorität der Sachnähe, Festschrift für Stimpel, Berlin 1985, 3

Larenz, Karl, *Canaris*, Claus-Wilhelm, Methodenlehre der Rechtswissenschaft, 3. Auflage, Berlin 1995

Lenz, Tobias, Verbindlichkeiten mit Rangrücktritt im Überschuldungsstatus, GmbHR **1999**, 283

Luckan, Eberhard, *Schacht*, Knut, Gläubigerschutz, Publizität und Haftung, DB **1970**, 1449

Lutter, Marcus, Neues zum Gesellschafterdarlehen?, ZIP **1989**, 477

Lutter, Marcus, Vom formellen Mindestkapital zu materiellen Finanzierungsregeln im Recht der Kapitalgesellschaften, Festschrift für Stefan Riesenfeld, Heidelberg 1983, 165

Lutter, Marcus, Die GmbH - Novelle und ihre Bedeutung für die GmbH, die GmbH & Co. KG und die Aktiengesellschaft, DB **1980**, 1317

Lutter, Marcus, Rechtsverhältnisse zwischen den Gesellschaftern und der Gesellschaft, in: Probleme der GmbH-Reform, Köln 1969, 63

Lutter, Marcus, *Hommelhoff*, Peter, GmbH-Gesetz, 15. Auflage, Köln 2000

Lutter, Marcus, *Hommelhoff*, Peter, GmbH-Gesetz, 14. Auflage, Köln 1995

Lutter, Marcus, *Hommelhoff*, Peter, Nachrangiges Haftkapital und Unterkapitalisierung in der GmbH, ZGR **1979**, 31

Lutter, Marcus, *Hommelhoff*, Peter, *Timm*, Wolfram, Finanzierungsmaßnahmen zur Krisenabwehr in der Aktiengesellschaft, BB **1980**, 737

Mayer, Dieter, Kapitalersetzende Darlehen im GmbH-Recht aus handels- und konkursrechtlicher Sicht, BB **1990**, 1935

Menzel, Hans-Jürgen, Die Bedeutung der BGH-Rechtsprechung zu den Gesellschafterdarlehen für die Unternehmenssanierung, AG **1982**, 197

Mertens, Hans-Joachim, Deliktsrecht und Sonderprivatrecht - Zur Rechtsfortbildung des deliktischen Schutzes von Vermögensinteressen, AcP **178** (1978), 227

Messmer, Kurt, Die durch die Sachlage gebotene Kapitalzuführung, BB **1970**, 1057

Meyer-Landrut, Joachim, *Miller*, Georg, *Niehus*, Rudolf J., Gesetz betreffend die Gesellschaften mit beschränkter Haftung (GmbHG) einschließlich Rechnungslegung zum Einzel- sowie zum Konzernabschluß, Berlin 1987

Michalski, Lutz, *de Vries*, K., Eigenkapitalersatz, Unterkapitalisierung und Finanzplankredite, NZG **1999**, 181

Müller, Klaus, Das kapitalersetzende Gesellschafterdarlehen, JURA **1985**, 337

Müller, Klaus, Der Tatbestand des kapitalersetzenden Gesellschafterdarlehens in § 32a Abs. 1 GmbHG, GmbHR **1982**, 33

Müller, Klaus, Zur Haftung des Gesellschafters im Konkurs der unterkapitalisierten GmbH, ZRP **1975**, 101

Müller, Welf, Änderung des GmbH-Gesetzes und anderer handelsrechtlicher Vorschriften zum 1. Januar 1981, WPg **1980**, 369

Münchener Handbuch des Gesellschaftsrechts, Band III, Gesellschaft mit beschränkter Haftung, München 1996

Münchener Kommentar zum Bürgerlichen Gesetzbuch, Band 2, Schuldrecht Allgemeiner Teil (§§ 241-432), 3. Auflage, München 1994

Münchener Kommentar zum Bürgerlichen Gesetzbuch, Band 4, Schuldrecht Besonderer Teil II (§§ 607-704), 3. Auflage, München 1997

Münchener Kommentar zum Bürgerlichen Gesetzbuch, Band 5, Schuldrecht Besonderer Teil III (§§ 705-853), 3. Auflage, München 1997

Neflin, Hermann, Schutz des gutgläubigen Verkehrs vor einem schädigenden Verhalten der hinter einer Kapitalgesellschaft stehenden Kräfte, GmbHR **1963**, 41

Noack, Ulrich, Neues Insolvenzrecht - neues Kapitalersatzrecht?, Festschrift für Claussen, Köln 1997, 307

Obermüller, Manfred, Änderungen des Rechts der kapitalersetzenden Darlehen durch KonTraG und KapAEG, ZInsO **1998**, 51

Obermüller, Manfred, Patronatserklärungen und kapitalersetzende Darlehen, ZIP **1982**, 915

Palandt, Bürgerliches Gesetzbuch, 59. Auflage, München 2000

Pape, Gerhard, *Voigt*, Joachim, Einladung zur Umgehung der Eigenkapitalersatzregeln?, DB **1996**, 2113

Pentz, Andreas, Die Änderungen und Ergänzungen der Kapitalersatzregeln im GmbH-Gesetz, GmbHR **1999**, 437

Pentz, Andreas, Zur Anwendbarkeit der GmbH-Eigenkapitalersatzregeln auf Leistungen geringfügig beteiligter Gesellschafter, BB **1997**, 1265

Pichler, Jens, Unternehmenssanierung auf Grundlage des geänderten § 32a GmbHG, WM **1999**, 411

Pleyer, Klemens, Zur Haftung des Gesellschafters einer unterkapitalisierten Strohmann-GmbH, GmbHR **1963**, 206

Pleyer, Klemens, Zur Haftung bei einer Strohmann-GmbH, GmbHR **1960**, 43

Prediger, Bernhard, Die Inanspruchnahme der OHG und der Mitgesellschafter aus „Drittverhältnissen" von seiten eines Gesellschafters, BB **1971**, 245

Priester, Hans-Joachim, Verlustanzeige und Eigenkapitalersatz, ZGR **1999**, 533

Priester, Hans-Joachim, Eigenkapitalersetzende Finanzierung durch Quasigesellschafter, Festschrift für Helmrich, München 1994, 721

Priester, Hans-Joachim, Die eigene GmbH als fremder Dritter, ZGR **1993**, 512

Priester, Hans-Joachim, Sind eigenkapitalersetzende Gesellschafterdarlehen Eigenkapital?, DB **1991**, 1917

Raiser, Recht der Kapitalgesellschaften, 2. Auflage, München 1991

Reiner, Günter, Der deliktische Charakter der „Finanzierungsverantwortung" des Gesellschafters: Zu den Ungereimtheiten der Lehre vom Eigenkapitalersatz, Festschrift für Boujong, Müchen 1996, 415

Reinhardt, Rudolf, Gedanken zum Identitätsproblem bei der Einmanngesellschaft, Festschrift für Heinrich Lehmann zum 80. Geburtstag, II. Band, Berlin 1956, 576

Roth, Günter, Unterkapitalisierung und persönliche Haftung, ZGR **1993**, 170

Roth Günter H., *Altmeppen*, Holger, Gesetz betreffend die Gesellschaften mit beschränkter Haftung (GmbHG), 3. Auflage, München 1997

Rowedder, Heinz, *Fuhrmann*, Hans, *Koppensteiner*, Georg, *Rasner*, Henning, *Rittner*, Fritz, *Wiedmann*, Harald, *Zimmermann*, Klaus, Gesetz betreffend die Gesellschaften mit beschränkter Haftung (GmbHG), 3. Auflage, München 1997

Rümker, Dietrich, Überlegungen zur gesellschafterlichen Finanzierungsverantwortung, ZGR **1988**, 494

Rümker, Dietrich, Formen kapitalersetzender Gesellschafterdarlehen in der Bankpraxis, Festschrift für Walter Stimpel, Berlin 1985, 673

Rümker, Dietrich, Bankkredite als kapitalersetzende Gesellschafterdarlehen unter besonderer Berücksichtigung der Sanierungssituation, ZIP **1982**, 1385

Schlegelberger, Handelsgesetzbuch, 5. Auflage, Band III/2. Halbband, §§ 161-177a, §§ 335-342 (§§ 230-237 a. F.), München 1986

Schlegelberger, Handelsgesetzbuch, 4. Auflage, 2. Band, Berlin 1965

Schmidt, Karsten, Gesellschaftsrecht, 3. Auflage, Köln 1997

Schmidt, Karsten, Gesellschaftsrecht, 2. Auflage, Köln 1991

Schmidt, Karsten, Kapitalersatz und kein Ende, in: Insolvenzrecht 1998, RWS-Forum 14, Köln 1999, 287

Schmidt, Karsten, Zurechnungsprobleme um das Zwerganteilsprivileg des § 32a Abs. 3 Satz 2 GmbHG, ZIP **1999**, 1269

Schmidt, Karsten, Finanzplanfinanzierung, Rangrücktritt und Eigenkapitalersatz, ZIP **1999**, 1241

Schmidt, Karsten, Eigenkapitalersatz und Überschuldungsfeststellung, GmbHR **1999**, 9

Schmidt, Karsten, Zwerganteile im GmbH-Kapitalersatzrecht, ZIP **1996**, 1586

Schmidt, Karsten, Eigenkapitalersetzendes Darlehen und (Zwangs-) Vergleich, ZIP **1995**, 969

Schmidt, Karsten, Nutzungsüberlassung, Eigenkapitalersatz und materielle Unterkapitalisierung, ZIP **1993**, 161

Schmidt, Karsten, Eigenkapitalersatz bei unbeschränkter Haftung, ZIP **1991**, 1

Schmidt, Karsten, § 32a GmbHG: ein Allheilmittel gegen unerwünschten Eigenkapitalersatz?, ZIP **1990**, 69

Schmidt, Karsten, Konkursverschleppungshaftung und Konkursverursachungshaftung, ZIP **1988**, 1497

Schmidt, Karsten, Quasi-Eigenkapital als haftungsrechtliches und als bilanzrechtliches Problem, Festschrift für Goerdeler, Düsseldorf 1987, 487

Schmidt, Karsten, Kapitalersetzende Kommanditistendarlehen, GmbHR **1986**, 337

Schmidt, Karsten, Insolvenzrisiko und gesellschaftsrechtliche Haftung, JZ **1985**, 301

Schmidt, Karsten, Kapitalersetzende Gesellschafterdarlehen: ein Rechtsproblem nur der GmbH und der GmbH & Co.?, AG **1984**, 12

Schmidt, Karsten, Der Aufstand der Makulatur - oder: Da irrte Julius von Kirchmann! - , JZ **1984**, 880

Schmidt, Karsten, Kapitalersersetzende Bankenkredite?, ZHR **147** (1983), 165

Schmidt, Karsten, Gesellschafterdarlehen als Insolvenzrechtsproblem, ZIP **1981**, 689

Schmidt, Karsten, Grundzüge der GmbH-Novelle, NJW **1980**, 1769

Schmidt, Karsten, Fortschritte und Abstimmungsprobleme im Recht der kapitalersetzenden Gesellschafterdarlehen, ZGR **1980**, 567

Schönle, Nochmals: Zur Haftung bei einer Strohmann-GmbH, GmbHR **1960**, 63

Scholz, Kommentar zum GmbH-Gesetz, I. Band §§ 1-44, Anhang Konzernrecht, 9. Auflage, Köln 2000

Scholz, Kommentar zum GmbH-Gesetz, I. Band, §§ 1-44, 6. Auflage, Köln 1978/1983

Seibert, Ulrich, Der Bundestag greift in die Diskussion zum Eigenkapitalersatz ein, GmbHR **1998**, 309

Seibert, Ulrich, Einschränkung des Kapitalersatzrechts bei nichtunternehmerischer Beteiligung - zum Entwurf eines Kapitalaufnahmeerleichterungsgesetzes, DStR **1997**, 35

Siebert, Wolfgang, Einmann-GmbH und Strohmann-Gründung, BB **1954**, 417

Soergel, Bürgerliches Gesetzbuch, Band 2, Schuldrecht I (§§ 241-432), 12. Auflage, Stuttgart 1990

Soergel, Bürgerliches Gesetzbuch, Band 5/2, Schuldrecht IV/2 (§§ 823-853), 12. Auflage, Stuttgart 1999

Sonnenberger, Hans-Jürgen, Das Darlehen des GmbH-Gesellschafters als Mittel der Gesellschaftsfinanzierung, NJW **1969**, 2033

Staub, HGB Großkommentar, 17. Lieferung: §§ 123-130b, 4. Auflage, Berlin 1997

Staub, HGB Großkommentar, 9. Lieferung: §§ 161-177a, 4. Auflage, Berlin 1987

Stauder, Bernd, Gesellschafterdarlehen an Kapitalgesellschaften, GmbHR **1968**, 72

J. Staudingers Kommentar zum Bürgerlichen Gesetzbuch mit Einführungsgesetz und Nebengesetzen, Zweites Buch, Recht der Schuldverhältnisse, Einleitung zu §§ 241 ff.; §§ 241-243, 13. Bearbeitung, Berlin 1995

J. Staudingers Kommentar zum Bürgerlichen Gesetzbuch. 12. Auflage, §§ 581-597; Landpacht; §§ 598-610; Berlin 1989

J. Staudingers Kommentar zum Bürgerlichen Gesetzbuch mit Einführungsgesetz und Nebengesetzen, Zweites Buch, Recht der Schuldverhältnisse, §§ 826-829; Produkthaftungsgesetz, 13. Bearbeitung, Berlin 1998

Stimpel, Walter, „Durchgriffshaftung" bei der GmbH: Tatbestände, Verlustausgleich, Ausfallhaftung, Festschrift für Goerdeler, Düsseldorf 1987, 601

Thöne, Wolfgang, Behandlung der Gesellschafterdarlehen im Konkurs der Gesellschaft nach der GmbH-Novelle, DB **1980**, 2179

Tillmann, Bert, Eigenkapital ersetzende Gesellschafterdarlehen und verdecktes Stammkapital, GmbHR **1981**, 17

Uhlenbruck, Wilhelm, Privilegierung statt Diskriminierung von Sanierungskrediten de lege lata und als Problem der Insolvenzrechtsreform, GmbHR **1982**, 141

Ullrich, Hanns, Gesellschafterdarlehen der Banken in der Finanzkrise der GmbH, GmbHR **1983**, 133

Ulmer, Peter, Umstrittene Fragen im Recht der Gesellschafterdarlehen (§ 32a GmbHG), ZIP **1984**, 1163

Ulmer, Peter, Die neuen Vorschriften über kapitalersetzende Darlehen und eigene Geschäftsanteile der GmbH, in: Das neue GmbH-Recht in der Diskussion, Köln 1980, 55

Ulmer, Peter, Gesellschafterdarlehen und Unterkapitalisierung bei GmbH und GmbH & Co KG, Festschrift für Konrad Duden, München 1977, 661

Unger, Klaus, Die Inanspruchnahme des verdeckten Kapitalgebers, KTS **1959**, 33

Veil, Rüdiger, Eigenkapitalersetzende Aktionärsdarlehen, ZGR **2000**, 223

Verhoeven, Thomas, Zur geplanten Novellierung des GmbH-Gesetzes, WM **1977**, 806

Vollmer, Lothar, *Maurer*, Torsten, Die Eignung von Sanierungsdarlehen zur Abwehr der Überschuldung, DB **1993**, 2315

Vonnemann, Wolfgang, Haftung von GmbH-Gesellschaftern wegen materieller Unterkapitalisierung, GmbHR **1992**, 77

Vonnemann, Wolfgang, Die Feststellung der Überschuldung, BB **1991**, 867

Vonnemann, Wolfgang, Sinn und Zweck des § 32a GmbHG und der Rechtsprechungsregeln zu den sog. eigenkapitalersetzenden Gesellschafterdarlehen, GmbHR **1989**, 145

Wassermeyer, Franz, Eigenkapitalersetzende Leistungen aus der Sicht des Steuerrechts, ZGR **1992**, 639

Weimar, Robert, Einmann-Personengesellschaften - ein neuer Typ des Gesellschaftsrechts?, ZIP **1997**, 1769

Weimar, Robert, Haftung der Treuhandanstalt auch nach dem Zweiten Vermögensrechtsänderungsgesetz?, VIZ **1993**, 47

Weimar, Robert, *Alfes*, Jochen, Enthaftung der Treuhandanstalt durch Gesetz?, DB **1992**, 1225

Westermann, Harm Peter, Die gesetzlichen Neuregelungen im Kapitalersatzrecht, DZWIR **2000**, 1

Westermann, Harm Peter, Probleme mit der Rechtsrückbildung im Gesellschaftsrecht, Festschrift für Wolfgang Zöllner, Band I, Köln 1998, 607

Westermann, Harm Peter, Kapitalersetzende Darlehen eines GmbH-Gesellschafters als Gegenstand von Verrechnungsabreden, Festschrift für Oppenhoff, München 1985, 535

Westermann, Harm Peter, Zur Rückführung eines Überziehungskredits eines am Schuldnerunternehmen als Aktionär beteiligten Kreditinstituts, ZIP **1983**, 1281

Westermann, Harm Peter, Banken als Kreditgeber und Gesellschafter, ZIP **1982**, 379

Westermann, Harm Peter, Schwerpunkte der Fortbildung des GmbH-Rechts durch Praxis und Wissenschaft, GmbHR **1979**, 217

Westermann, Harm Peter, Die Funktion des „Leitbildes" von der GmbH, GmbHR **1979**, 193

Wiedemann, Herbert, Anteilsumwandlung und Mehrfachbeteiligung in der Personengesellschaft, Festschrift für Wolfgang Zöllner, Band I, Köln 1998, 635

Wiedemann, Herbert, Eigenkapital und Fremdkapital, Festschrift für Karl Beusch, Berlin 1993, 893

Wiedemann, Herbert, Haftungsbeschränkung und Kapitaleinsatz in der GmbH, in: Die Haftung des Gesellschafters in der GmbH, Frankfurt/M. 1968, 5

Wimmer, Richard, Gesellschaftsrechtliche Maßnahmen zur Sanierung von Unternehmen, DStR **1996**, 1249

Winkler, Karl, Die Haftung der Gesellschafter einer unterkapitalisierten GmbH, BB **1969**, 1202

Winter, Martin, Eigeninteresse und Treupflicht bei der Einmann-GmbH in der neueren BGH-Rechtsprechung, ZGR **1994**, 570

Winter, Martin, Mitgliedschaftliche Treuebindungen im GmbH-Recht, München 1988

Woeste, Karlfriedrich, Gesellschafterdarlehen und gesellschafterverbürgte Darlehen an die GmbH in deren Konkurs, GmbHR **1959**, 131

Wolany, Josef, Rechte und Pflichten des Gesellschafters einer GmbH, Köln 1964

Wüst, Günther, Unterkapitalisierung und Überschuldung bei Beschränkthaftern, JZ **1985**, 817

Wüst, Günther, Gläubigerschutz bei der GmbH, Stuttgart 1966

Werner Schubert (Hrsg.)

Akademie für Deutsches Recht 1933-1945 Protokolle der Ausschüsse Ausschuß für Jugendrecht, Arbeitsgemeinschaften für Jugendarbeitsrecht und Jugendstrafrecht (1934-1941)

Herausgegeben und mit einer Einleitung versehen von Werner Schubert

Frankfurt/M., Berlin, Bern, Bruxelles, New York, Oxford, Wien, 2001. XXI, 661 S.
Akademie für Deutsches Recht 1933-1945. Protokolle der Ausschüsse.
Herausgegeben von Werner Schubert. Bd. XI
ISBN 3-631-37064-4 · Geb. DM 198.–*

Der Band dokumentiert die Beratungen des Ausschusses für Jugendrecht der Akademie für Deutsches Recht sowie der Arbeitsgemeinschaften für Jugendarbeitsrecht und Jugendstrafrecht (1934-1941). Den Hauptteil des Bandes bilden die Beratungen über eine Reform des Jugendgerichtsgesetzes, dessen Neufassung 1943 verkündet wurde. Das neue Gesetz verstärkte einerseits die Tendenz des Nationalsozialismus zur Disziplinierung der Jugend, andererseits enthielt es wesentliche Verbesserungen gegenüber dem bisherigen Jugendstrafrecht, vor allem im Bereich der Sanktionen. Der Entwurf zu einem Berufserziehungsgesetz von 1942 sollte die arbeitsrechtliche Erfassung sämtlicher Jugendlichen gewährleisten. Als Grundsätze für die rechtliche Gestaltung der Berufserziehung ergaben sich: Einheit von Berufserziehung und Berufsausbildung, Konzentration der Berufserziehung auf den Jugendlichen und Ausdehnung auf alle Jugendlichen. Jeder deutsche Jugendliche sollte eine Berufserziehung durch praktische Ausbildung erfahren; es sollte „keinen ungelernten, keinen berufslosen Deutschen" geben. Der Anhang bringt in einem Nachtrag zu Band VII (Ausschüsse für Strafprozeßrecht) Auszüge aus dem neu aufgefundenen Protokoll der Arbeitsgemeinschaft für Fragen der Strafbarkeit der SS und des Reichsarbeitsdienstes vom 7.2.1939 (Rechtsmittel, Urteilsrüge, Urteilsbestätigung).
Die Einleitung des Herausgebers erschließt die Verhandlungsergebnisse und Biographien der wichtigsten Ausschußmitglieder.

Aus dem Inhalt: Jugend- und Kinderarbeitsrecht · Jugendpflegerecht · Bewahrung von Jugendlichen (Änderungen des Reichsgesetzes für Jugendwohlfahrt) · Entwurf eines Gesetzes über die Berufserziehung der deutschen Jugend von 1942 (Berufserziehung im Betrieb – Berufserziehung außerhalb des Betriebes) · Jugendstrafrecht: Schuldfähigkeit – Jugendstrafen – unbestimmte und bedingte Verurteilung – Zuchtmittel – Jugendarrest – Erziehungsmaßregeln – Strafverfahren in Jugendsachen – Stellung der Hitlerjugend – Strafbefehl und polizeiliche Strafverfügung – Strafvollstreckung und Vollzug

Frankfurt/M · Berlin · Bern · Bruxelles · New York · Oxford · Wien
Auslieferung: Verlag Peter Lang AG
Jupiterstr. 15, CH-3000 Bern 15
Telefax (004131) 9402131

*inklusive Mehrwertsteuer
Preisänderungen vorbehalten

Homepage http://www.peterlang.de

Kolibri 360 GmbH
Ferdinand-Jühlke-Straße 7
99095 Erfurt, Deutschland
produktsicherheit@kolibri360.de

Druck:
CPI Druckdienstleistungen GmbH
im Auftrag der
Kolibri 360 GmbH
Ferdinand-Jühlke-Str. 7
99095 Erfurt